RÖMISCHE BRUNNEN: WASSER UND STEIN

Giancarlo Gasponi

RÖMISCHE BRUNNEN: WASSER UND STEIN

Künstlerische Zusammenarbeit
Rouhyeh Avaregan

Einführung
Giorgio Montefoschi

Erläuterungen
Luciano Zeppegno

ERIKA SCHÜLER VERLAG MÜNCHEN

Titel des Originals:
ROMA — LA PIETRA E L'ACQUA

© 1982 — Editoria s.r.l. — Trento
ISBN-Nr. 88-7677-009-7

CIP-Kurztitel der Deutschen Bibliothek
RÖMISCHE BRUNNEN: WASSER UND STEIN
von Giancarlo Gasponi

Aus dem Italienischen übersetzt
von Dott. Giuseppina Lorenz-Perfetti
ISBN-Nr. 3-925988-06-8
1. Auflage 1986
© Erika Schüler Verlag München

ISBN-Nr. 3-925988-06-8
1. Auflage 1986
© Erika Schüler Verlag München

Die schönen Bilder vom Rom des Giancarlo Gasponi scheinen, je mehr man sie betrachtet, eine komplexe Zeitdimension wiederzugeben, die eine Besonderheit dieser Stadt ist. Seltsamerweise viel besser als verschiedene italienische Schriftsteller konnten das zwei außergewöhnliche amerikanische Schriftsteller in der zweiten Hälfte des 19. Jahrhunderts wahrnehmen. Zu jener Zeit war die „Reise nach Europa" große Mode und der abschließende, mehrmonatige Aufenthalt in Rom unerläßlich. Und so handeln die Hauptpersonen in *„Der Marmorfaun"* von Nathaniel Hawthorne genauso wie Roderick Hudson und Daisy Miller, einige der schönsten Geschöpfe, die Henry James je erfand. Miriam und Hilda, Roderick und Kenyon: junge Menschen, die fast alle aus dem fernen Neuengland kommen; die Männer mit den weißen steifen Krägen, glattrasiert, mit glänzenden Augen und einer unvermuteten Fröhlichkeit, ungewöhnlich in den Gebärden, die mit den gemessenen Bostonmanieren nichts mehr gemeinsam haben; die Frauen, mit einem entschlossenen und träumerischen Blick, goldblond, sanft und zurückhaltend in ihrer Kraft und Begeisterung, stehen den Männern nicht nach. Es sind fast alle Künstler oder solche, die es werden möchten, sie lieben das Schöne, die Malerei und die Bildhauerei, die Architektur und die Landschaft, auch die Ruinen, die Überreste der weit zurückliegenden Vergangenheit, und sie wandeln durch Rom wie durch eine unerschöpfliche Schatzkammer.

Sie haben viel Zeit zur Verfügung und sie teilen sich die Tage nach einem langatmigen und trotzdem intensiven Rhythmus ein, so daß die Gestalten von Hawthorne und von James alle unvermeidlich an den gleichen Orten verkehren. Sie treffen sich im Kapitol in einem Saal voll Skulpturen, während von draußen das Licht des Herbstnachmittags durch die verbleiten Fenster drängt und die Stuckarbeiten, die Kapitelle, die Marmorfußböden und die Statuen erleuchtet; sie besuchen zu zweit oder zu dritt die Sammlungen der berühmten Paläste, wie die Sammlung Sciarra oder die Sammlung Ludovisi; in den frühen Morgenstunden betreten sie mit dem Skizzenbuch in der Hand die Vatikanischen Museen; sie kennen die Foren und die bewaldeten Hänge des Palatins. Während der Dämmerung, in der ruhigen Stunde dieser Stadt, wenn in der Luft die tiefen Schläge der Glocken hallen und der Wachsgeruch sich ausbreitet, betreten sie den geräumigen, halbdunklen Petersdom. Hier ist die Temperatur — bemerkt Hawthorne — gleichbleibend: frisch, fast kalt im Sommer, etwas lau im Winter. Die Kirche bietet den Augen der Pilger ihren Prunk und die zahlreichen Grabstätten: Marmorpäpste mit leeren Augen stehen über ihren Steinsärgen, von schweren Mänteln umhüllt, und unter deren Gewicht gebeugt, und dazu der Weihrauch, die gewaltige Kuppel und die schwach erleuchteten Bilder. Aber sie bietet auch einen anderen Aspekt von Frömmigkeit und Alltäglichkeit: in den Kapellen, auf den Altären, wo im Schein der Kerzen die Abendmessen gelesen werden, in den dunklen Beichtstühlen, zwischen den Bankreihen, wo auch die stolzen römischen adligen Frauen knien — neben den jungen Amerikanerinnen — und sich ins Gebet versenken. Draußen, vor allem im Sommer, halten die Kutscher mit ihren Pferden in der Nähe der Brunnen. Die Geschöpfe von Hawthorne und von James, die aus der Kirche kommen, betrachten diese Wasserstrahlen, atmen tief und meinen, nie mehr abreisen zu müssen, da Tage und Wochen vergangen sind und sie glauben, diese Stadt zu kennen.

Rom ist voll Brunnen jeder Art: kleine, große, alte, abgestoßene, versteckte, berühmte. In Rom entdeckt man oft die besondere Farbe des Steines durch das Glänzen eines dünnen Wasserstrahles, durch die Durchsichtigkeit des Wassers eines Brunnens. Die Jungen aus Boston wissen den Zauber von allem zu würdigen: wenn sie sich von der lauten Volksmenge in den engen Gassen der Altstadt einbeziehen lassen, wenn sie die ersten lauen Nachmittage auf der Piazza Navona verbringen, wenn sie sich in den Ateliers oder in den Mansarden der alten Adelspaläste gegenseitig besuchen, wenn sie von der Piazza del Popolo hinauf zur Villa Borghese spazierengehen. In den Gäßchen werden sie bemerken, daß aus dem liegenden Körper einer abgenutzten und rauhen Statue ein dünner Wasserstrahl fließt, der still eine Vertiefung füllt . . . Wenn man die Piazza Navona von oben betrachtet, wird man nur flüchtig die Geste der Statue, die sich vor der Fassade schützt, bemerken, vielmehr wird man von den grünen Wasserlachen angezogen und fast verschlungen . . .

Wenn sie durch das breite Tor eines jahrhundertealten Palastes gehen, werden sie wahrscheinlich eine Reihe von geschwärzten Säulen entdecken, die eine Art Kreuzgang um den Hof bilden; zwischen den Säulen stehen womöglich Statuen ohne Beine und Kopf und an den Wänden befestigt die Flachreliefs von älteren Palästen. Immer, in der Mitte oder am Ende des Hofes, erscheint bestimmt ein Brunnen mit seinem leisen Plätschern: die jungen Amerikaner sehen, wie das Wasser von einem Marmorbecken zum anderen fließt oder aus einer von einer Najade getragenen Urne sprudelt oder mit unzähligen kleinen Strahlen aus den Mäulern namenloser Ungeheuer schießt. Es sind Ungeheuer, die einst vielleicht Angst einflößen sollten; jetzt aber, mit ihren Moosflecken, Grasbüscheln, mit dem hängenden Venushaar und mit dem Unkraut in den Rissen und Spalten des Marmors, scheinen sie sagen zu wollen, daß die Natur den Brunnen wieder in ihren Schoß aufnimmt, mütterlich wie eine Waldquelle . . . Dann, in der Villa Borghese, nach einem Spaziergang über schattige Wiesen, über denen sich Steineichen oder Mittelmeerkiefern erheben — so hoch, daß man die Baumkronen nicht mehr auseinanderhalten kann — oder entlang den Alleen mit unzähligen

Grenzsteinen, Marmorsäulen und Granitarkaden, lassen unsere Bummler die ernsten Gedanken nach dem Besuch der Museen ruhen, sie ermüden wegen der Hitze und des leichten Malariafiebers, das an den Sommerabenden den blauen Himmel verdunkelt; ihre Augen, ins Grün versunken, verändern sich wie die Haut eines Chamäleons und werden vom Grün der Farne und des Mooses verzaubert. Sie ruhen sich beim Betrachten des langsamen Fließens des Wassers aus. Inzwischen vergehen die Tage, die Nachmittage im Museum, es folgen ruhige Gespräche; die jungen Leute lassen sich von der Schönheit der Stadt durchdringen, bis sie den Wunsch spüren, sich in der Nacht zu treffen.

Nachts ist das große Amphitheater des Kolosseums der ideale Ort für Zusammenkünfte, für Träume oder für Melancholie im Mondschein. Aus diesen Steinen, aus den aus der Dunkelheit herausragenden Bögen, die manchmal ein schwaches Licht erleuchtet (es ist ein Fremdenführer mit einer Gruppe Engländer), strahlt eine seltsame Atmosphäre von Kraftlosigkeit und Erschlaffung, die die jungen Amerikaner betäubt. Wahrlich; hier, viel mehr als an jedem anderen Ort der Stadt, fühlt man das Gewicht der Vergangenheit, den archaischen Sinn des Todes und des Lebens, das in einem Atemzug vergeht . . . Aber was passiert? Es passiert seltsamerweise, daß die Liebe und die Leidenschaft, die das Herz gefüllt und die Erzählung belebt haben, am Ende zusammen mit den sonnigen Eindrücken der Stadt, tagtäglich mit heiterem Sinn erlebt, plötzlich, wie durch einen Zauber, in Gestalt von Schatten und Gespenstern vergehen, wie der leichte Nebel um den Mond.

Nur dann — es ist unwichtig, ob sich diese Zeitkrankheit schon auf den ersten Seiten des Romans wie eine Vorahnung zeigt, oder ob sie allmählich die Personen irreführt und sie bis zum Ersticken mit dieser Fülle des Schönen von Palästen und von Brunnen gefangen nimmt — nur dann können sich die jungen Kunstliebhaber aus Boston römische Bürger nennen. Sie möchten überlegen sein, die Mauern eines einladenden und verführenden Gefängnisses sprengen, sich vom Schirokko lösen, keine Steine und Säulen mehr sehen: wie feste Inseln in den Wogen des Lebens möchten sie einen steifen Nordwind kommen sehen, der das schmutzige Wolkengewirr wegfegt, aber es gelingt ihnen nicht. Vielmehr verschwenden sie ihr Leben — manchmal zehren sie es auf — aber nichts geschieht; die Stadt, wie in einer tausendjährigen Spiegelung ihrer Farbe, scheint sich für eine Weile unmerklich zu verfestigen. Alle Reisen haben ein Ende: wahrscheinlich werden auch sie abfahren und am Ufer des Ozeans landen; dort auf den leuchtenden Wiesen von Neufundland werden sie früher oder später die Kraft und das strahlende Ungestüm wiedererlangen, die ihre Schritte durch die Stadt gelenkt haben . . . aber derjenige, der bleibt? Wer bleibt, möchte dem modernen Reisenden etwas mitteilen.

Er soll nicht die anscheinende Zerstreuung, die Verwirrung durch seine erste Berührung mit der Stadt beachten. Die Plätze: Villa Borghese, mit dem Schatten der Pinien und mit den Brunnen, die Kirchen, die Paläste, die Höfe, die Mondnächte im Kolosseum. Die Stadt, auch wenn der Rhythmus unserer Zeit ganz anders und hektischer ist, verlangt Geduld, Zeit, Hingabe: so wird sie Wunderbares, Fröhliches, Erstaunliches bieten. Der moderne Reisende soll auf die Gemeinplätze wie Faulheit und Schlaf nicht achten: es sind Gemeinplätze, die ihn dazu bringen könnten, die Stadt auf eine geringschätzige und kurzsichtige Art zu verstehen. Er hat eine festgelegte Route. Bis zum Augenblick des Eingefangenseins. Wenn er plötzlich mitten in der Brust einen seltsamen Druck spüren wird. Alles das kennt der Einheimische Giancarlo Gasponi sehr gut. Das Wasser und den Stein der Brunnen, die er meisterhaft mit der Liebe und dem Können eines echten Römers fotografiert hat, offenbaren nicht nur sich selbst. Gewiß, manchmal hat die Farbe des Wassers überraschende Lichteffekte, wie blaue und grüne Flecken — von oben gesehen. In der Vielzahl von Wasserstrahlen, die der Wind fröhlich bewegt, scheinen die Gesichter der Statuen mit einer bewußten, erstaunten Abwesenheit vor sich hinzustarren. Die Wasserbecken, teils so winzig wie groteske Verkleinerungen, teils so groß wie echte Bassins, offenbaren immer die Schönheit des Marmors, das Können und den Einfallsreichtum des Erbauers. Aber die Bilder von Gasponi offenbaren uns hauptsächlich die Stadt. Weil es immer die Stadt ist, die den Hintergrund zu den glänzenden Strahlen bildet. Es sind die rötlichen Mauern der Paläste an der Piazza Navona, die satte, perlgraue Farbe des Palazzo Farnese, die orange und braune Farbe der Stadt des 19. Jahrhunderts, die dichtbewachsenen Hänge des Janikulus und weitere Paläste, Kirchen, Straßen, der Himmel und die Bäume von Rom.

Alles — sagt man — hat in Rom ein besonderes Licht. Das ist ein Gemeinplatz — könnte der Dagebliebene dem Reisenden sagen, wenn sich nicht herausstellen würde, daß dieses Licht kein oberflächliches Licht ist. Das Licht Roms ist auch beim größten Glanz — und Gasponi hat es mit seinen Bildern von den Brunnen erfaßt — kein in sich selbst fixiertes und versunkenes Licht: nicht matt oder verschwommen, auch nicht glänzend, sondern verschluckend, weich, ruhig. Ein Licht, das immer an unser Innenleben erinnert, das die Seele als friedlichen Ort bestimmt, wo die Vergangenheit überwiegt. Bis aus der Tiefe dieser Ruhe die Begierde eines unbekannten Gedankens entsteht.

Das 16. Jahrhundert

Aus dem Wasser des Tibers
und aus den alten Brunnen
entsteht Neues:
still sprudeln
die ersten Quellen . . .

5

6

17

19

Die ersten 27 Jahre des 16. Jahrhunderts bilden das „goldene Zeitalter" der römischen Renaissance; dann die Krise (mit der Plünderung Roms), das Durcheinander der Stilrichtungen, der Schulen. Zwischen 1527 und 1610 zählen wir in Rom mindestens neun verschiedene Stilrichtungen, darunter die „Kunst der Brunnen", die mit ihren Monumentalbrunnen und Wasserspielen bis hinein ins 17. Jahrhundert reicht. Hinzu kommt der Manierismus, der seinen Höhepunkt mit dem Schildkrötenbrunnen erreicht, ein vollkommenes und nie übertroffenes Meisterwerk an Anmut und Stil.

1

Der **Brunnen Navicella** auf dem Caelius-Hügel, erbaut unter Leo X. Harmonisch eingeordnet, verbindet der Brunnen in einer Art von idealer Ellipse eine Linienführung, die in Rom manchmal das Ergebnis einer peinlichen Genauigkeit, manchmal eines Zufalls ist. In dem herrlichen Bild sieht man den anmutigen Nachen, die Votivgabe eines römischen Soldaten (einige behaupten, es handle sich um eine Umarbeitung aus dem 16. Jahrhundert). Restaurierung und Umarbeitung haben ihm das alte Gleichgewicht nicht genommen, die feinen Verzierungen sind in dem glänzenden Weiß des wunderbaren Marmors gehauen. Zum harmonischen Gesamteindruck tragen die Arkaden von Santa Maria in Navicella (oder Santa Maria in Domnica) bei, diese Reihe von Renaissance-Arkaden, die Raffael selbst der alten christlichen Basilika hinzufügen ließ.

2

Der **Brunnen von Piazza Nicosia,** entworfen 1573 von Giacomo della Porta. Della Porta gilt als einer der wichtigsten Meister der späten römischen Renaissance. Sein Stil ist anmutig und knapp, obwohl er eine tiefe Sehnsucht für die Welt der Renaissance empfindet, die er als Kind erlebt hatte. Seine Brunnen sind von schlichter Eleganz; sie bestehen meistens aus einer Schale auf einer Spindel oder auf einer Muschelkomposition, die sich ihrerseits aus einem tiefliegenden und breiten Becken erhebt. In diesen Werken ist das Wasser mehr denn je die architektonische Ergänzung des Steins: die Harmonie zwischen Stein und Wasser ist vollkommen. Man kann wohl zu Recht von der Anmut und der Eleganz der Brunnen von Giacomo della Porta sprechen.

3

Betrachten wir eine der wunderbaren „Ecken" der Straßen Roms: hier z. B., wo von der Via Flaminia ein Sträßchen rechts abzweigt, das nach Valle Giulia führt. Hier steht der schöne **„Brunnen von Giulio III",** in welchem Ammannati um 1554 die letzten Einflüsse der florentinischen Renaissance ausdrückt und das Werk mit den herkömmlichen Wasserspeiern verziert, die als „Markenzeichen" zu erkennen sind. Das Wappen und die Delphine wurden gegen die Hälfte des 17. Jahrhunderts von den Colonna angebracht.

4

Der **Brunnen gegenüber der Villa Medici** auf dem Pincio. Berühmt ist der Platz wegen der alten Steineichenkronen und wegen des weiten

Blickes auf die nahen Hügel. Der Brunnen, von sehr einfacher Form, hat als Becken eine Halbkugel; Erbauer ist der Florentiner Annibale Lippi, der auch die gegenüberliegende Villa schuf (1544). Eine berühmte Anekdote bezieht sich auf den Brunnen: Die exzentrische Christine von Schweden besuchte während ihres unruhigen Aufenthalts in Rom die Engelsburg, überraschte die diensthabenden Kanoniere und feuerte einen Kanonenschuß ab ... Vom Unterbewußtsein oder von Kampferfahrung beeinflußt konnte sie kein besseres Ergebnis haben: Ziel war das verhaßte Frankreich; voll getroffen wurde das Tor der Villa. Jetzt hat die Kanonenkugel ihren Platz in der Mitte des Brunnens gefunden, von wo aus das Wasser in die Höhe sprudelt.

5 – 6 – 7 – 8 – 9

Der **Brunnen der Piazza della Rotonda** erhebt sich mit seinem Obelisken gegenüber vom Pantheon (die Rotonda = Rundbau, wie die Römer sie nennen) und ist womöglich der seltsamste und eigenartigste Brunnen Roms, der einzige, der beim besten Willen keinen sicheren Erbauer nachweist. Betrachten Sie ihn in seiner Gesamtheit: es gibt etwas Klassisches, etwas übertrieben Groteskes, etwas von Barock und Rokoko, während der Stil des Erbauers Giacomo della Porta fehlt, der ihn in seiner ursprünglichen Form 1578 bauen ließ und die vier Wasserspeier mit den Delphinen entwarf, die 1886 abgenommen und durch Kopien ersetzt wurden. Der alte Obelisk stammt von Iseo Campense, er wurde 1711 in der Mitte des Brunnenbeckens auf Befehl von Klemens XI. errichtet. In dieser Stadt, die reich an Kuriositäten ist, besitzt der Brunnen etwas Merkwürdiges, das nur diejenigen, die dort wohnen und auf den Platz schauen, bemerken können. Ab und zu, ohne jegliche logische Erklärung, steigt das Wasser des Beckens um 30 bis 40 cm an.

10 – 11 – 12 – 13

Mit rührender Hartnäckigkeit halten alle künstlerisch gebildeten Römer eine Überraschung versteckt, um die Gäste zu verblüffen. Abends, nach einem Essen mit „carciofi (Artischocken) alla giudia" in einem Restaurant der Gegend, verfehlen sie ein- oder zweimal die richtige Gasse, die zum **Schildkrötenbrunnen** führt. Dort angekommen, schauen sie befriedigt die Gäste an, als ob sie selbst den Brunnen geschaffen hätten und fragen: „Was sagst du dazu? Hast du je etwas Ähnliches gesehen?" Tatsächlich, vor unseren Augen steht der schönste und feinste Brunnen Europas, ein Werk, das Bewunderung hervorruft, ein Märchen in einer erhabenen Welt, wo sanfte Epheben, fern von jeglicher Leidenschaft, mit vier Schildkröten spielen und ihren Durst zu löschen versuchen. Den Brunnen Raffael zuzuschreiben ist nicht so absurd, wie man meinen könnte. Man kann einige Andeutungen seines Stils wahrnehmen, die der Erbauer Taddeo Landini mit Feinfühligkeit zum Ausdruck bringt. Das Werk wurde 1584 beendet. Eine Beteiligung von Giacomo della Porta scheint unwahrscheinlich, da die Komposition des Ganzen und der Muscheln so sehr verschieden erscheint. Möglicherweise wird Landini ihn um einen Entwurf „als Fachmann" gebeten haben und handelte später nach seinem Kopf. Aber der große Wert dieses kleinen Brunnens, der den Gipfel der Weltkunst darstellt, besteht in seiner historischen, fast unwirklichen Stellung: es ist der Höhepunkt des schwierigen Übergangs zwischen Renaissance und Manierismus, die Ankündigung der herrlichen Kunst der Brunnen, das außergewöhnliche Werk des schwierigen Übergangs zwischen dem Ausklang der Renaissance und dem Beginn des Barocks. Zu bemerken sind neben der Eleganz der geschmeidigen Körper die aufgerissenen Augen ohne Pupille, ein unverwechselbares Zeichen des Manierismus. Die Vermutung, daß die Schildkröten später hinzugefügt wurden, läßt Zweifel aufkommen. Was würden die durchdachten Gesten der Jünglinge bedeuten? Und warum hätte der Brunnen schon wenige Jahre nach seiner Errichtung diesen Namen bekommen?

14

Mit Lineal, Rechenschieber und Zirkel entwarf Sixtus V. die Pläne für das „zukünftige Rom" und ließ in den fünf Jahren seines Pontifikats so zahlreiche und großartige Projekte verwirklichen, daß er nicht nur andere Päpste, sondern auch viele römische Kaiser übertraf. Ein umstrittener, aber auch bewundernswerter Papst, dem man das großartige Netz von breiten Straßen verdankt, die die sieben Hügel verbinden. Die Sixtinische Straße führte zu vier Hügeln (Quirinal, Viminalis, Esquilin, Pincio), überquerte drei Täler und kreuzte auf dem Gipfel des Quirinals eine andere breite Straße, 2 km lang, die vom Quirinalplatz bis zur Porta Pia führt. Geplant war das Entstehen einer großzügigen und weitläufigen Stadt: die Kreuzungen und die Szenerie wurden mit großer Sorgfalt entworfen. Wenn man in der Mitte der **Kreuzung der Quattro Fontane** steht (Teilansicht im Bild), was vielleicht nur am 15. August möglich ist, wenn alle Römer die Stadt verlassen haben, kann man am Ende der vier Straßenzüge sehen: Santa Maria Maggiore mit dem Obelisken, den großen Brunnen vor dem Quirinal mit einem weiteren Obelisken, den dritten Obelisken vor der Spanischen Treppe und die Fassade der Porta Pia, die Michelangelo schuf. Und die Brunnen nicht zu vergessen, die den Namen des Ortes bestimmen. In Nischen oberhalb der Becken liegen die Statuen des Tibers mit Füllhorn und Wölfin, der Juno (beide im Bild), der Diana an ein sixtinisches Symbol gelehnt und des Arno mit dem Löwen. Sixtus V. wußte aber noch nicht, daß diese Brunnen mit ihrem sanften Plätschern ihre Reverenz einer der schönsten Schöpfungen der barocken Kunst erweisen würde: dem Werk Borrominis, der die Fassade der Kirche Santa Carlino „bei den vier Brunnen" schuf, vor welcher man stundenlang bewundernd ausharren und immer etwas Neues entdecken kann.

15

Die Statue der Juno schmückt den Brunnen an der westlichen Ecke der Kreuzung. Die wunderbare weibliche Schöpfung zwischen einem wasserspeienden Löwen und einem Pfau vor einem Hintergrund von Stalaktiten wird nicht ohne Zweifel Pietro da Cortona zugeschrieben.

16

Detail des Brunnens im östlichen Teil der Kreuzung, mit der Darstellung des Arno, an dessen Seite ein Löwe vor dem Hintergrund von Schilfrohr steht.

17

Der **Brunnen des glücklichen Wassers,** auch Mosesbrunnen genannt, wurde 1587 auf der jetzigen Piazza San Bernardo errichtet. Der Brunnen mit drei weiten Bögen und nahezu architektonischer Gliederung der Wasserstrahlen erscheint gewaltig. Im Auftrag von Sixtus V. baute ihn der treue Domenico Fontana. In der Mitte Moses, schlecht gelungen, riesig, lockig, in einem weiten Faltenwurf, mit eingebildetem, aber nicht unmanierlichem Ausdruck. Die Statue gefiel von Anfang an nicht, wurde auch der Gegenstand einer grausamen, aber witzigen Spottschrift:

„Mit finsterem Blick siehst du,
das Wasser zu deinen Füßen fließen,
und voll Entsetzen betrachtest du,
was Bildhauers Unbesonnenheit zuließen."

Und dieser Bildhauer, Prospero da Brescia, soll sich wegen der Schande umgebracht haben? Kaum möglich. Die Bildhauer vertragen noch Schlimmeres, das Werk ist nicht so häßlich, wie man sagt, und womöglich nicht Prospero da Brescia, sondern Leonardo Sormani zuzuschreiben. In den Seitenbögen zwei Basreliefs mit biblischen Episoden: links geleitet Aron die Juden, ihren Durst zu stillen, rechts führt Josua das Heer zum Roten Meer.

18

„Rom, Stadt der Brunnen." Eine Bezeichnung, die stimmt; es scheint fast unwahrscheinlich, daß eine andere Stadt einen solchen Reichtum besitzt. Seltsam ist aber, daß die Stadt der Brunnen nicht als solche im Gedächtnis bleibt; man erinnert sich an sieben, acht Brunnen höchstens. Möglich, daß es ein guter Kenner Roms bis auf zehn oder zwölf bringt. Etwas wenig, da die Stadt mehr als 100 Brunnen besitzt, wenn man die kleinen und versteckten mitzählt. Was versteckt, verbirgt, erniedrigt viele Brunnen, die so anmutig wirken? Der Verkehr und die unangenehme Belagerung durch die geparkten Autos. Wenn man zehn Römer fragt: „Gibt es einen Brunnen oder keinen auf der Piazza Colonna?" antworten sechs: „Ich glaube nicht" oder „Ich habe es nicht bemerkt". Einer bejaht, aber weiß weder die Form noch die Lage und nur drei sind sicher, ihn gesehen zu haben. Ein seltsames Verhalten gegenüber einem so anmutigen Werk und einem so berühmten Erbauer wie Giacomo della Porta. Auch ohne auffällige Ornamente besitzt der **Brunnen der Piazza Colonna** eines der schönsten Becken mit uneinheitlichem Grundriß und wurde 1575 nach Entwürfen des römischen Künstlers ausgeführt.

19

Der **Brunnen der Terrine,** einer der seltsamsten und sympathischsten Roms, fällt in seiner neuen Lage wenig auf (vorher stand er im Gewühl auf dem Markt von Campo dei Fiori, von wo er 1889 entfernt wurde, um dem Denkmal an Giordano Bruno Platz zu machen). 1924 wurde der Brunnen auf dem Platz der Chiesa Nuova aufgestellt, wo die strenge Würde der Gegenreformation im Gigantismus und in der Weitläufigkeit der Kirche bis zum Äußersten getrieben wird und mit einem der Meisterwerke des Barocks, dem Oratorio dei Fillipini von Borromini, verschmilzt. Wahrscheinlich kann man den Brunnen Giacomo della Porta zuschreiben (1590). Der moralphilosophische Aspekt wird in der Inschrift um den oberen Teil des Deckels ausgedrückt: „Liebe Gott und tue recht, dann spricht keiner von dir schlecht."

20

Fast alle Römer kennen den „Club der sprechenden Statuen" oder „Kongreß der Scharfsinnigen", eine Merkwürdigkeit der Stadt. Es handelte sich hier darum, der Stimme des einfachen Volkes mit lockerem Mundwerk und angriffslustigen Bemerkungen Ausdruck zu geben, dieses „witzigen Volkes", das keine andere Waffe außer der Ironie besaß. Grobe Ironie, aber sehr verbreitet in Rom, die ihren Ausdruck in den Pasquinaden (Spottschriften) fand: die berühmten Fragmente von Volksdichtung, die den aufgeblasenen und wuchtigen Riesen der weltlichen Gewalt schmerzlich trafen. Da die Statue des Pasquino kein Brunnen ist, kann sie nicht in unsere Beschreibung aufgenommen werden; hier dargestellt ist sein wortgewandter Gesprächspartner **Marforio,** dieser römische Riese aus dem 1. Jahrhundert, der 1595 als Brunnen gestaltet (der ursprüngliche Standort der Statue war in der Nähe des Bogens des Septimius Severus im Forum Romanum) und im Hof des Palazzo Nuovo auf dem Kapitol endgültig aufgestellt wurde. Was die anderen „Sprechenden Statuen" betrifft, an die das Volk seine Satiren zu heften pflegte, handelte es sich um Madame Lucretia, den Abt Luigi, den Facchino und den Babuino (die zwei letzten sind Brunnen und werden später beschrieben).

21

Durch eines der großen Fenster des Kapitolinischen Museums, das auf den Kapitolsplatz geht, sieht man die breite Fassade des Senatorenpalastes mit dem **Brunnen der Göttin Rom,** der sich an die Treppe des Michelangelo anlehnt. Die Göttin Rom ist die zierliche Figur im Porphyrgewand, die es trotz der vielen Sockel nicht schafft, hinaufzukommen, um die große Nische oberhalb des Beckens zu füllen. Riesenhaft dagegen erscheinen die Statuen des Tibers (rechts) und des Nils, die seitlich liegen und die Wände der Treppe schmücken.

22

Uns ist schon Giacomo della Porta bekannt, der der echte Genius loci von Rom hätte werden können, wäre die Ewige Stadt nicht so geblendet worden von großen Geistern wie Raffael, Bramante, Michelangelo, Bernini, Borromini und Pietro da Cortona. Wir möchten weder die Anzahl seiner Werke zur Verschönerung Roms aufzählen, noch ihren qualitativen Wert schätzen. Wir sagen nur, daß er viel mehr als jeder andere würdig ist, die Spätrenaissance der Stadt zu repräsentieren, indem er in Rom während einer schwierigen Zeit die Zügel der Kunst fest in der Hand gehalten hat. Als Erbauer von Brunnen stellte er fast einen Rekord auf in Anbetracht dessen, daß nur die Werke aufgezählt wurden, von denen man genau weiß, daß sie ihm zuzuschreiben sind. Der hübsche **Brunnen auf dem Platz Madonna dei Monti,** erbaut 1588, bei der Kirche mit gleichem Namen, erscheint wie ein anmutiges Spiel von Becken und Spindeln auf einem achteckigen Stufensockel. Ursprünglich stand an Stelle des oberen Beckens ein schmaler Kelch, aus welchem das Wasser nach oben spritzte.

23 – 24

Noch ein Werk von della Porta aus dieser fruchtbaren Zeit, in der viel mehr als in den früheren Jahrzehnten eine Fabelwelt verwirklicht wird, die das wichtigste und kennzeichnendste städtebauliche Element Roms darstellt. Beim **Brunnen auf dem Platz Aracoeli** hat das Wasser eine rein dekorative Funktion, es bildet einen Schleier, der die majestätische Würde des Kapitols mit einem Hauch von Märchen und Traum umhüllt. Da das Entstehungsdatum dieses Brunnens 1589 ist, war die großartige Szenerie Michelangelos schon vollendet und konnte von einem seiner echten Verehrer mit Anmut „ergänzt" werden. Die zwei Bilder zeigen einen der Wasserspeier, die das untere Becken schmükken, und den Kreis der lustigen Putten, die das Wasser aus kleinen Amphoren über den oberen Beckenrand gießen.

25 – 26

Auch der **Brunnen auf der Piazza Campitelli,** errichtet 1589 auf Kosten von Privatpersonen, scheint ein Werk von Giacomo della Porta zu sein. Dieses feine Werk fügt sich wunderbar in die barocke Umgebung und bringt eine bezaubernd frische Note hinein. Der tiefe Raum des Platzes, der bis in das Viertel San Angelo hineinreicht, wird rechts von einer Reihe von barocken Palästen und links von der Kirche Santa Maria in Campitelli beherrscht. Carlo Rainaldi baute hier die imposante Votivkirche (um Rom von einer Pestilenz zu retten) und hinterließ sein Meisterwerk.

Das 17. Jahrhundert

Das Wasser bricht hervor,
es verschmilzt mit dem Stein.
In der Welt des Barocks
werden Märchen Wirklichkeit.

SIXTVS V PONT MAX
OBELISCVM HVNC
SPECIE EXIMIA
TEMPORVM CALAMITATE
FRACTVM CIRCI MAX
RVINIS HVMO LIMOQ
ALTE DEMERSVM MVLTA
IMPENSA EXTRAXIT
HVNC IN LOCVM MAGNO
LABORE TRANSTVLIT
FORMAEQ PRISTINAE
ACCVPATE RESTITVTVM
CRVCI INVICTISSIMAE

A · MDLXXXVIIII

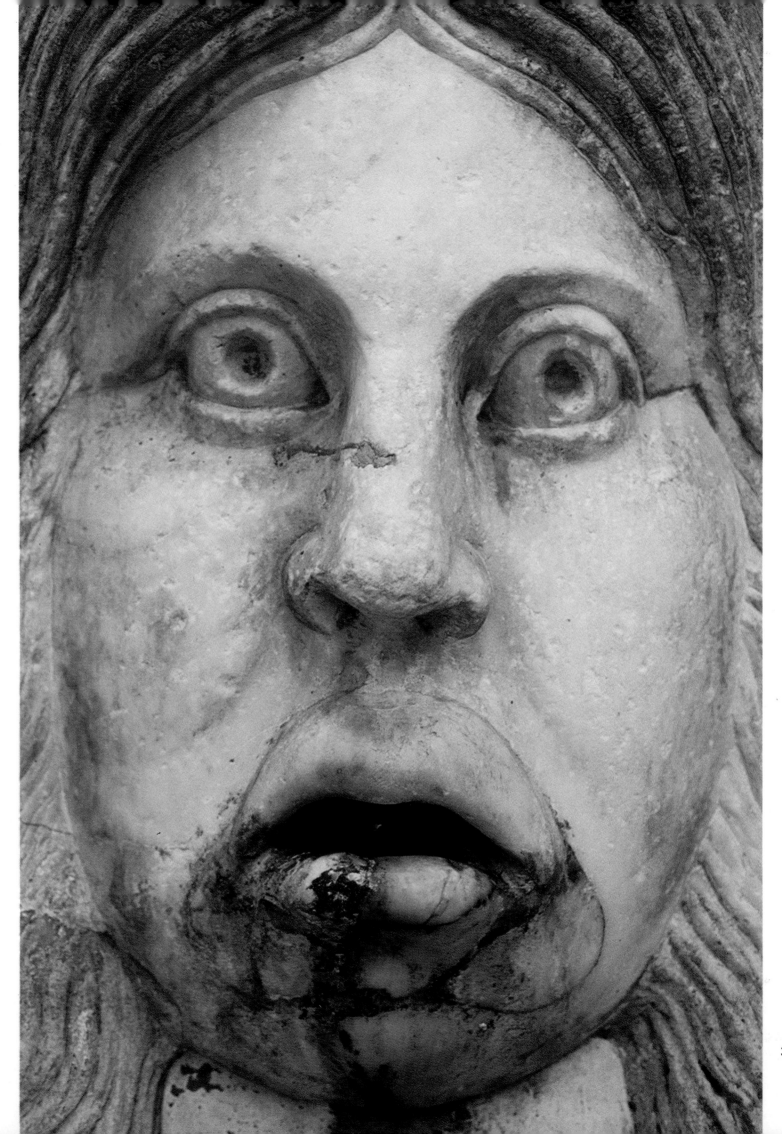

38

40

44

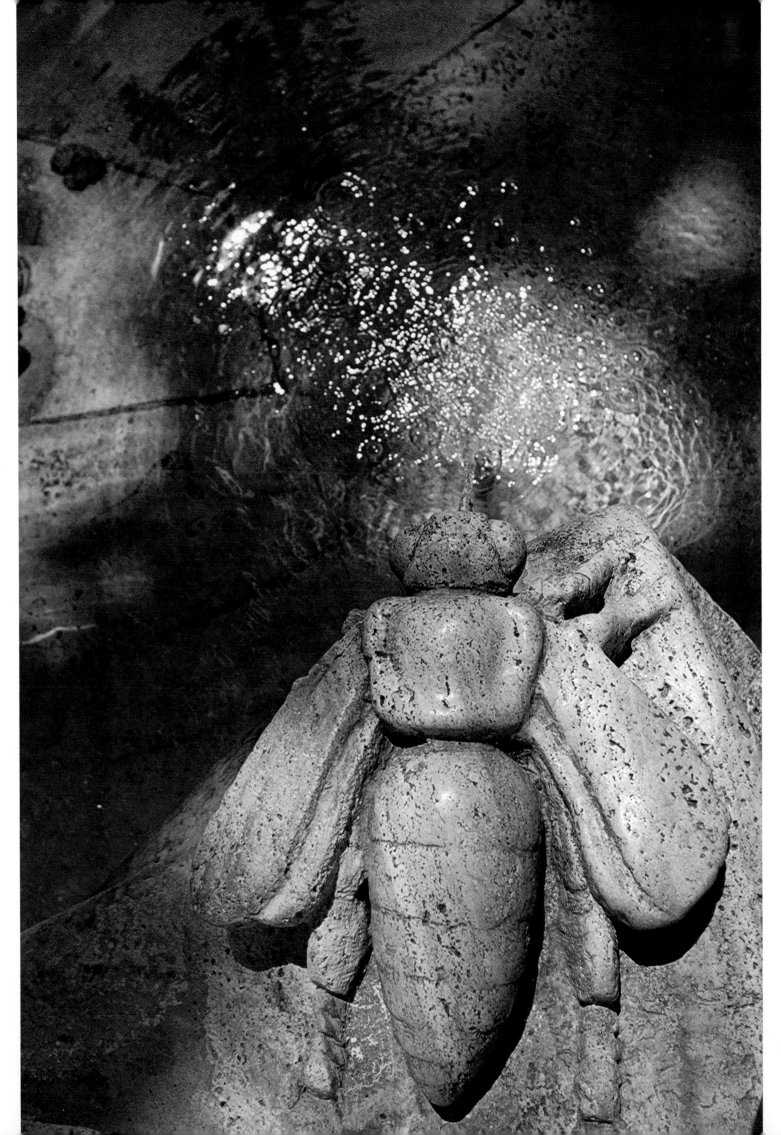

Trotz der fruchtbaren Beiträge des vorhergehenden Jahrhunderts ist das 17. Jahrhundert die echte Zeit der großen Brunnen — hauptsächlich in Rom. Bernini ist nicht aufzuhalten: er schafft eine eigene Welt, wo die surrealistischen oder metaphysischen Phantastereien der Kunst der Brunnen neue Körperlichkeit und Plastizität erfahren. Fast immer sind die Brunnen dieses Jahrhunderts ein echtes Meisterwerk.

27

„NON EST IN TOTO SANCTIOR ORBE LOCO". Wir sind am heiligsten Platz der christlichen Welt, und der Brunnen mit dem lateranischen Obelisken wacht davor. Der lateinische Satz bezieht sich auf die Heilige Treppe und auf das Gebäude, in dem so viele heilige Elemente vorhanden sind. Abgesehen von der Heiligen Treppe, den Tropfen des Heiligen Blutes, dem Triklinium von Leo, dem ersten Baptisterium, sehen wir hier San Giovanni in Laterano, die Kathedrale Roms und der Welt, deren Fassade mit Arkaden und einer Loggia (16. und 17. Jahrhundert) und zwei wunderbaren romanisch-gotischen Kirchtürmen geschmückt ist (links im Bild). Am Fuß des Obelisken (der mit seinen 47 m der höchste Roms ist) befindet sich der Brunnen, angefangen 1607 unter Klemens VIII. Aldobrandini und beendet unter Paul V. Borghese, deren Wappen mit Adler und Drachen die Vorderseite des Brunnens beherrschen. Bis Mitte vorigen Jahrhunderts befand sich am oberen Teil des Brunnens die Statue von Johannes dem Täufer mit zwei Lilien (Symbol der Medici), die jetzt leider fehlt.

28

Der Brunnen von Paul V. und oben im Hintergrund die Silhouette der Mostra dell' Aqua Aola auf dem Janikulus. Beide Brunnen werden ausführlich unter den Nummern 29 und 30 beschrieben.

29

Die großartige **Mostra dell'Acqua Paola** erhebt sich auf dem Janikulus. Sie wurde 1614 erbaut nach der Fertigstellung des Aquädukts, das Paul V. errichten ließ. Den Römern wurde damit ein reineres und hygienischeres Wasser zugeführt; durch das gleiche Aquädukt, mehrmals beschädigt und restauriert, fließt heute kein so gutes Wasser mehr. Die kräftige Wasserader aus den Monti Sabatini nördlich des Bracciano-Sees war damals ausreichend, später aber wurde der Hauptabfluß des Bracciano-Sees an das Aquädukt angeschlossen und schon der Gedanke, Wasser aus dem See zu trinken, kann nicht begeistern. Doch kann das der wunderbaren Mostra nichts anhaben: Aus den fünf Bögen brechen echte Wasserfälle oder starke Wasserstrahlen aus Mäulern von Ungeheuern hervor. Das Werk wurde von Flaminio Ponzio errichtet, mit dem auch Giovanni Fontana arbeitete; ein anderer Fontana (nomen est omen) fügte das große Becken hinzu, in welches das Wasser fließt. Vom gegenüberliegenden Platz genießt man einen weiten und eindrucksvollen Rundblick auf die Stadt. Der Brunnen verbirgt einen eigentümlichen „Garten zwischen fließenden Wassern". Nach langwierigen Auseinandersetzungen wurde er vor wenigen Jahren als „seltener Wundergarten" für offizielle Empfänge verwendet; es erwies sich als eine Fehlentscheidung. Schade: es wurde zuviel Lärm um ihn gemacht; in der Tat aber besitzt das Ganze einen feinen magischen Zauber.

30

Der große **Brunnen von Ponte Sisto,** wie allgemein der Brunnen bezeichnet wird, errichtet von Paul V. Ursprünglich stand er diesseits des Flusses am Gebäude der Bettlerherberge des Sixtus V., so daß er die schöne Via Giulia mit bühnenbildnerischer Wirkung abschloß. Der Bau der Uferbefestigungen für den Tiber veranlaßte die Verlegung jenseits des Flusses an die heutige Stelle. Er steht auf dem großen Platz, der dem Mundartdichter Trilussa gewidmet ist und an den ein unproportioniertes und häßliches Denkmal erinnert. Der Brunnen entstand aus der Zusammenarbeit des Flamen und Wahlrömers Vasanzio (Van Santen) mit Giovanni Fontana. Der schöne große Bogen zwischen Säulen und Pfeilern aus glattem Bossenwerk geht auf das Jahr 1613 zurück und hebt sich vom Hintergrund der Häuser von Trastevere ab. Als herrlicher Kontrapunkt erscheinen die klaren Linien von San Pietro in Montorio oben auf dem Janikulus, eine der ersten Kirchen der römischen Renaissance, Baccio Pontelli zugeschrieben, in der Nähe des berühmten Tempietto von Bramante.

31–32

Die Ecke Via del Mascherone/Via Giulia, eine der schönsten Roms, und hier in fast ihrer ganzen Länge (800 m) mit dem Farnese-Bogen zu sehen, ist zweifelsohne bezaubernd. Der Brunnen, dem die Straße ihren Namen verdankt, ist bei den alten Römern in guter Erinnerung wegen eines merkwürdigen Ereignisses: Als die nahe Kirche Santi Evangelista e Petronio (d. h. die Kirche der Bologneser in Rom) restauriert wurde, floß aus dem Brunnen eine Woche lang Wein statt Wasser. Der unbekannte Erbauer errichtete 1626 den **Brunnen mit dem Maskaron,** kein überwältigendes Werk: trotzdem ist das große ovale Gesicht mit aufgerissenen Augen unvergeßlich und auf seine Weise reizend.

33

Der **Brunnen auf dem Platz von Santa Maria Maggiore** wurde 1615 von Carlo Maderno vor der Basilika errichtet, zu Füßen der großen Säule aus griechischem Marmor von Imetto. Früher war der Brunnen lange Zeit in der Basilika von Maxentius. Paul V. ließ ihn mitten auf dem Platz aufstellen und sein Wappentier, den Adler, oberhalb der kleinen Seitenbecken anbringen. Die bewegte Fassade der Basilika mit Arkaden und Loggien ist ein wahres Meisterwerk von F. Fuga; wenn anläßlich von Festtagen die Kirche beleuchtet wird, treten die Mosaiken von Rusnati aus dem 13. Jahrhundert wunderbar hervor.

34–35–36–37

Die **Brunnen auf dem Petersplatz** wurden zu verschiedenen Zeiten errichtet. Wenn man vor der Basilika steht, sieht man rechts den Brunnen, den Carlo Maderno 1614 für Paul V. baute. Der andere ist ein Werk Berninis, der ca. 50 Jahre später den Brunnen Madernos versetzte und veränderte. Auf dem Brunnen Madernos sind der Adler und das Borghese-Wappen, auf dem Bernini-Brunnen zwei sich windende Delphine neben dem Wappen von Clemens X. Altieri. Christine von Schweden sah während eines Besuches in Rom den ersten Brunnen in Betrieb. Erstaunt betrachtete sie die fast fertige Anlage, vor allem den Brunnen mit den wunderbaren Wasserstrahlen. Dann sagte sie lächelnd zu den päpstlichen Begleitern: „Wirklich sehr schön! Danke! Aber jetzt können Sie ihn abschalten!" Nur mit großer Mühe konnte man sie überzeugen, daß die „Wasserspiele" nicht zu ihrer Ehre in Betrieb waren, sondern immer funktionierten, eine Tatsache, die auch viele Diplomaten und berühmte Reisende in Erstaunen versetzte.

38 – 39 – 40

Der **Brunnen auf dem Platz Sant' Andrea della Valle,** vermutlich um 1614 von Maderno erbaut, steht in vollem Einklang mit der barockisierenden Fassade der Kirche, die auch zweifelsohne von Maderno entworfen wurde. Aber das Ganze war von Anfang an nicht so, wie wir es jetzt sehen. Erstens wurde die Fassade von Carlo Rainaldi 1655 vollendet und, verglichen mit dem ursprünglichen Entwurf, vollkommen verändert: sie bekam mehr Bewegung durch kraftvolle Kurven, die Säulen wurden vom Mauerwerk mehr abgehoben; kurz und gut, es entstand eine der schönsten Fassaden des 17. Jahrhunderts. Zweitens: der Brunnen wurde nicht für diesen Ort entworfen, sondern für die Piazza Scossacavalli, von wo er entfernt wurde, um der Via della Conciliazione Platz zu machen. Nach einem langen Schlaf in den städtischen Lagern wurde 1957 der Brunnen wieder am jetzigen Ort aufgestellt. Ein Schatz ist wieder ans Licht gekommen und hat den geeigneten Platz gefunden.

41 – 42

Um jeden prächtigen und historischen Palast Roms befand sich fast immer eine „Zitadelle", die mit der Geschichte des Adelsgeschlechtes verbunden war, reich an Kirchen, Kapellen, Handwerkerzünften und vieles mehr ... auch an Brunnen. Auf der Piazza Farnese wird der Ruhm dieser Familie, die mit halb Europa verwandt war und einen stolzen und mächtigen Palast besaß (für einige Details Michelangelo, für den größeren Teil Antonio da Sangallo den Jüngeren zuzuschreiben), von den zwei einfachen und großartigen Brunnen besonders hervorgehoben. Eigentümlich, aber angenehm ist der Kontrast zwischen den zwei großen Granitbecken, aus römischen Thermen stammend, und den darüberliegenden eleganten Becken, die die Lilie, eines der Wappenzeichen der Farnese, tragen. 1626 erbaut, werden sie Girolamo Rainaldi zugeschrieben.

43 – 44 – 45 – 46

Früher wurden oft die 14 Stadtviertel des alten Roms von den schlammigen Fluten des Tibers überschwemmt. Während einer Überschwemmung riß die Strömung eine alte und zerschlagene Barke mit sich und trug sie bis ins Herz der Stadt hinein. Märchen oder Wirklichkeit? Da die Straßen Roms selten gereinigt wurden, verwandelte sich die seltsame große Barke in ein irreales und metaphysisches Wrack. Der Anblick dieses Wracks weckte – so die Überlieferung – die Neugierde und die schöpferische Eingebung von Pietro Bernini, dem Vater des berühmten Gian Lorenzo, als er 1629 den Auftrag bekam, diesen Ort mit einem neuen Brunnen zu schmücken. **La Barcaccia auf der Piazza di Spagna** ist das große Werk des Pietro Bernini, das ihn dem berühmten Sohn fast gleichstellt. Mit diesem genialen Entwurf brach Pietro mit den traditionellen Grundrissen der Brunnen und schuf die Voraussetzungen für eine Umwälzung, die den Ausgangspunkt für die zukünftigen Meisterwerke von Gian Lorenzo bedeutete. Mit großem Geschick nützte er die ausgefallene Form der Barke aus, die er unterhalb des Straßenniveaus legte, um das Problem des zu niedrigen Drucks der Acqua Vergine zu lösen. Das Wasser verlor seinen Druck, da es durch die Rohrleitungen (italienisch: Condotti) unterhalb der gleichnamigen Straße (Via dei Condotti) geführt wurde. Ungefähr hundert Jahre später wurde die effektvolle Spanische Treppe angelegt, die von der Kirche Trinità dei Monti zum Brunnen hinabführt: ein weltbekannter und beliebter Ort, ein wunderbarer Teil Roms, den alle, besonders die Fremden kennen und lieben.

47 — 48

Kann die Musik etwas beschreiben? Und das auf greifbare Art, als Aussicht, als Umwelt, nicht als Gefühl oder als Gemütszustand, die durch Klänge wohl gut auszudrücken sind? Mit anderen Worten: Existiert die „beschreibende" Musik? Können Töne und Akkorde eine Landschaft, einen bestimmten Ort, ein Denkmal beschreiben? Den Beweis, daß so etwas möglich ist, hat uns auf meisterhafte Weise Ottorino Respighi geliefert, dessen Begegnung mit Rom ein Einzelfall in der Geschichte der Musik und der Kunst bleibt. Seine Oper „Die Brunnen Roms" ist das absolute Meisterwerk der beschreibenden Musik. Der Morgen — jene geheimnisvolle und finstere römische Morgendämmerung, die an die Welt der Borgia erinnert — wird mit dem Geheimnis von Valle Giulia wiedergegeben; der Mittag wird vom hohen Klang der Musik und des Wassers um den Triton freudig verkündigt; die unvergleichbare Feierlichkeit des römischen Nachmittags stimmt mit dem würdevollen Geleit des Trevi-Brunnens überein; die Poesie der Dämmerung kann nur von der Trinità dei Monti und der Villa Medici ausgedrückt werden. Wer den **Tritonsbrunnen,** den Bernini 1643 für Urban VIII. Barberini schuf und das entsprechende Stück Respighis kennt, wird nie das Bild von der musikalischen Wirkung trennen können. Man betrachte dieses schwungvolle und harmonische Marmorwerk: man hat das Gefühl, mehr vor scheinbarer als vor echter Pracht zu stehen; sofort verbindet man den fröhlichen und gewaltigen Klang der Hörner mit dem heiteren Wasserstrahl des Brunnens. Hören Sie das Stück von Respighi und gleich, an welchem Ort Sie sind, werden Sie das felsige und kräftige Meisterwerk von Bernini, einen der römischen Brunnen, wo das Wasser Hauptfigur wird, vor Augen haben; Bernini ist hier nicht nur Bildhauer, er ist vielmehr Bühnenbildner, Erfinder, König der Phantasie. Betrachten Sie das Ganze im Gegenlicht: ein barockes Spiel von gebogenen Linien schlängelt sich von unten nach oben: aus dem großen Becken tauchen die pirouettierenden Delphine hervor, die mit den Schwänzen die große offene Muschel tragen; darauf steht der rauhe und starke Namensgeber des Brunnens, gütig und geheimnisvoll kündigt er die Ankunft des Meeresgottes und seines Gefolges an. Das Wasser aus der Tritonsmuschel sprudelt nach oben und gefriert als erstes unter den römischen Brunnen: es entstehen unbeschreibliche Schnörkel, wenn die Straßen nachts von dem eisigen Nordwind leergefegt werden. An solchen Tagen ist auch der Brunnen nur für kurze Augenblicke still, er erhebt zum Himmel scharf und durchdringend seine feierliche Hymne, die Bernini sicherlich gefallen hätte, wenn er sie in der „Ausführung" von Respighi gehört hätte.

49

Der kleine und anmutige **Brunnen der Bienen** wurde 1644 von Bernini zu Ehren Urbans VIII., des großen Mäzens, geschaffen. Der Brunnen wurde 1916 in eine abgelegene Ecke der Piazza Barberini verlegt und erfuhr auch einige Veränderungen, die von der ursprünglichen Zeichnung von Bernini abweichen. Das Thema der adligen Bienen, die vom Wasser trinken, verursachte witzige und bittere Bemerkungen wie „Statt Honig zu erzeugen, essen sie ihn", eine Anspielung auf die Steuer der Barberini. Tatsächlich bedeckte dieser unendliche Bienenschwarm für einen bestimmten Zeitraum Denkmäler, Wandteppiche, Kunstwerke: mit etwas Rührung entdeckt man die letzten schüchternen und verlorenen Bienen zwischen den Falten des Papstgewandes auf dem Grab in St. Peter. Auch dieser Brunnen hat weitere Bienen zwischen den Rillen der Muschel, die die Mitte bildet. Über diesen Brunnen, dessen Mittelpunkt eine Muschel ist, existiert auch eine amüsante Anekdote, die das Ende der Barberini-Herrschaft betrifft: Der Bruder des Papstes hatte sich um die Ausführung des Brunnens gekümmert und unverständlicherweise irrte er sich in der Anzahl der Pontifikatsjahre, die er mit „XXII" bezeichnete, obwohl sie in Wirklichkeit noch nicht vollendet waren. Geschimpfe und Empörung von seiten des Papstes, der sehr abergläubisch war, und große Verlegenheit von seiten des unglücklichen Verwandten. Was sollte man machen? Die „I" zuviel wegnehmen? Es wäre ein schlechtes Omen gewesen. Sie stehen lassen? Es wäre eine Gegenbeschwörung. Am Ende wurde die „I" weggenommen, und der Papst kam sofort ins Himmelreich unter dem unheimlichen Gelächter von ganz Rom.

50 – 51 – 52

An dieser Stelle steht eine der ersten großen Basiliken des Christentums, die erste Kirche, die Maria gewidmet ist. Vor der Fassade mit einer reich geschmückten Vorhalle ein Zeugnis von Langlebigkeit: der **Brunnen von Santa Maria in Trastevere.** Mehrmals umgestaltet, war dieser Brunnen für den allgemeinen Gebrauch ohne jegliche Steuer oder Gebühr gedacht. Der alte Brunnen stand auf dem Platz seit dem 15. Jahrhundert (einer Überlieferung nach soll in der Nacht der Geburt Christi Öl aus dem Boden hervorgequollen sein; der Ort lag aber woanders, in dem hinteren Teil des Hauptschiffes der Kirche). Bramante (vielleicht), Bernini und Carlo Fontana haben bei der Gestaltung des Brunnens mitgewirkt; es ist zu bedauern, daß 1873 eine vollständige Umarbeitung durch die städtischen Architekten jeden echten ästhetischen Wert vernichtete: nur die schönen Muschelschalen, die Carlo Fontana am Rand des Beckens anbrachte und die eine Abweichung vom ursprünglichen Entwurf von Bernini sind, blieben erhalten.

Piazza Navona:

Ein Juwel
mit verzauberten Brunnen.

53

54

71

Die Piazza Navona ist eine Welt für sich, ist Bühne, Herrlichkeit, Fröhlichkeit . . . das sind die Worte, die Belli und andere Dichter Roms für diesen Platz verwenden. Unbeschreiblich — so ist er: es verlangt viel Mut, ihn zu beschreiben. Jedes Wort erscheint übertrieben . . . Aber, wenn der Leser den Platz, die herrlichen Kirchen und vor allem die Brunnen kennt, wird er verstehen, daß wir uns mit Bernini und Borromini nicht messen können (letzterer hat keine Brunnen geschaffen, hat aber auch damit zu tun).

53

Wenn man in den ersten Morgenstunden vom südlichen Teil des Platzes kommt und die Sonnenstrahlen die Plastizität der Statuen hervorheben, kann man einen außergewöhnlichen Gesamteindruck bekommen. Im Vordergrund sehen wir den leicht beleuchteten Rücken des kräftigen Mohren und einen der vier Tritonen am Rand des Beckens. Dahinter die bewegten Riesenfiguren der Flüsse vom mittleren Brunnen: durch die zerklüftete Klippe erkennt man etwas unscharf die Neptunstatue in der Mitte des nördlichen Brunnens.

54 — 55 — 56

Der **Brunnen des Mohren** auf dem südlichen Teil der Piazza Navona verdankt Bernini nur die Gesamtkonzeption. Die Geschichte um den Brunnen ist etwas kompliziert. Das Becken mit dem geschwungenen Rand, das Giacomo della Porta (1574) mit genialem Einfall geschaffen hatte, wurde später von Bernini mit einem breiten Becken umgeben, das das gemischtlinige Motiv wiederholt. Die Skulpturen um das Becken, die vier muschelblasenden Tritonen, sind auch Giacomo della Porta zuzuschreiben, der sie für den Brunnen auf der Piazza del Popolo bestimmt hatte; 1874 wurden sie durch Kopien ersetzt, während die Originale in der Villa Borghese (Giardino del Lago) sind, genauso wie die Skulpturgruppen mit Maskaronen, Drachen und Delphinen, die auch von diesem Brunnen des Mohren stammen. Betrachten wir jetzt die finstere, rauhe, wilde Figur des Mohren, der einen Delphin festhält und der dem Brunnen seinen Namen gibt. Bernini ließ sie nach eigenem Entwurf von seinem Schüler Mari ausführen, der unter der Leitung des Meisters ein Meisterwerk schuf. 1655 ersetzte die Statue die sogenannte „Gruppe mit der Schnecke" von Bernini, die eine Seemuschel darstellte, die von drei gewundenen Delphinen getragen wurde, und in der Mitte des Brunnens stand. Die „Gruppe mit der Schnecke" befindet sich jetzt auf einem Brunnen vor der Villa Pamphili auf dem Janiculus, wo man sie noch heute bewundern kann.

57 — 58 — 59 — 60 — 61 — 62
63 — 64 — 65 — 66 — 67 — 68

„Echtes Naturgestein, Geröll einer alten Moräne nach dem Schwinden der Gletscher vom Marsfeld, von Wind und Überschwemmungen verwittert: das ist der große Felsblock, der das Gerippe des **Brunnens der Flüsse** bildet und eine der größten Merkwürdigkeiten der Natur darstellt." Nichts davon ist wahr und glaubwürdig; es würde uns gefallen, wenn das der Wirklichkeit entspräche. Wir haben den Satz erfunden mit dem einzigen Zweck, das große Geschick und die unübertreffliche

Meisterhaftigkeit Berninis hervorzuheben. Der große Felsblock ist von vier Öffnungen durchbrochen, die mit den vier Himmelsrichtungen übereinstimmen und hat die phantastischste nur denkbare Flora und Fauna: das Ganze ist ein Werk von Bernini. Wir akzeptieren die Theorie, daß die riesigen Statuen der vier Flüsse das Werk von guten Schülern Berninis sind, die sorgfältig die Anweisungen des großen Genies befolgten; wir behaupten aber, daß sein Wirken in der Darstellung der Tier- und Pflanzenwelt auf dem Felsblock unbestreitbar ist. Es kann merkwürdig erscheinen, daß sich ein so großer Künstler dem unbedeutenderen Teil eines Werks widmet, der dem flüchtigen und oberflächlichen Betrachter nur als Postament für die vier Flüsse erscheint. Der Kern der Sache liegt in einer falschen Behauptung, in einem scheinbar logischen Gesichtspunkt, der nicht für Bernini gültig ist. Man kann auch Bernini nicht für den größten unter allen Bildhauern halten: was wir wirklich unübertrefflich in seinem Werk finden, sind die dekorativen Elemente, die in den Kirchen der „Castelli", in den römischen Kapellen, im Innern von Sant' Andrea al Quirinale vorhanden sind. In dieser Kirche erscheint uns die goldene und funkelnde Ausschmückung, die überall umherschweifenden Putten und Engel wie das Wesen selbst des Barocks im 17. Jahrhundert. Dieser „bühnenbildnerische" Brunnen ist ein so hervorragendes Werk, das seine Wirksamkeit und Lebendigkeit sowohl in jedem einzelnen Detail als auch in seiner Gesamtheit zum Ausdruck bringt. Zu bewundern sind die ausgefallene Idee und die ausgezeichnete Statik des Felsblocks, über welchem sich der Obelisk aus dem Maxentius-Tempel erhebt; aber das vollkommene Meisterwerk besteht in jenem geheimnisvollen Pflanzenwuchs — manchmal erkennbar wie die Feigenkakteen oder wie die vom Wind bewegte Palme (Nr. 60) — vor allem aber in der vielseitigen Tierwelt. Es ist schwierig, die Anzahl der Tiere anzugeben: zahlreiche Raubtiere und Vierfüßler tauchen aus dem Stein hervor; das Hinterteil ist sichtbar, aber nicht der Kopf, der auf der anderen Seite auftaucht, einige Geschöpfe bevölkern das stürmische Becken, andere halten sich heimtückisch versteckt, um plötzlich anzugreifen, oder andere sind im Begriff, erschrocken wegzufliegen. Jeder gute Kenner Roms wird — aus dem Gedächtnis — selten die richtige Anzahl der Tiere kennen. Wir wollen mit Hilfe der Bilder versuchen, einen Rundgang um dieses verwirrende Felsenriff, reich an Vorsprüngen und Einbuchtungen, zu machen. Wir gehen entgegen dem Uhrzeigersinn und betrachten nur die auffälligsten Geschöpfe: da kommt der stolze brüllende Löwe (Nr. 66) aus einer Schlucht, um seinen Durst zu stillen. Die Gestalt ist so lebendig und seine Merkmale sind so treffend, daß man den Eindruck hat, die Kunst übertrifft die Wirklichkeit. So einen Löwen haben wir in unseren Alpträumen „gesehen", anders als die satten und schläfrigen Exemplare der Savanne oder den nicht mehr majestätischen König der Tiere im Zoo oder im Zirkus. Wir setzen unseren Rundgang fort: nach dem großen Felsen mit der Statue des Nils sehen wir die zwei phantastischen Geschöpfe: die schlanke, schlüpfrige Meeresschlange und das phantastische und erschreckende Ungeheuer, das mit seinen kräftigen Pranken die Felsen zu öffnen scheint, um emporzusteigen (Nr. 68). Viele halten das Tier für ein Krokodil: was ziemlich unwahrscheinlich erscheint, weil zoologische Gärten wieder in Mode gekommen waren und Bernini bestimmt ein Exemplar davon gesehen haben sollte; außerdem war ein Krokodil einfacher zu transportieren als der berühmte Elefant, den 1514 Leo X. geschenkt bekam und der im hübschen Brunnen der Villa Madama (Nr. 123) verewigt wurde. Auf der gegenüberliegenden Seite des Felsens stürmt aus einem Spalt das Pferd, Symbol der Donau (Nr. 58): eine prachtvolle Gestalt, die die Starrheit des Steines bezwingt und den Eindruck des schnellen Rennens erweckt, mit wehender Mähne und geblähten Nüstern berührt es kaum den Boden. Oben, zwischen den Felsen, lauert die Erdschlange (Nr. 65), die oft in diesem außerordentlichen Zoo unbemerkt bleibt: das war nicht der Fall, als der Brunnen farbig und der gewundene Körper mit Pastellgrün bedeckt war. Wir gehen weiter um das ovale Becken (nur von oben kann man sehen, daß es nicht rund ist) und sehen die bizarre Gestalt des Delphins (Nr. 67), der mehr ein gepanzertes Ungeheuer scheint und sich in den Fluten unter einem Wasserfall windet. Der große Fisch hat nicht nur Zierfunktion: das weit geöffnete Maul ist der einzige Abfluß des Brunnens. In den vergangenen Jahrhunderten genügte es, diesen zu schließen, um den damals etwas tiefer gelegenen Platz mit Wasser zu füllen: das Vergnügen der Adligen, die mit ihren Kutschen den Platz befuhren und von lärmenden Gassenbuben durch die Pfützen verfolgt wurden. Diese Tradition der „Wasserspiele", die jedes Jahr an den August-Samstagen und -Sonntagen stattfand, dauert bis 1867. Richten wir jetzt unsere Aufmerksamkeit auf die vier Riesenstatuen auf den großen Felsspornen: sie stellen die Flüsse der vier damals bekannten Erdteile dar: der Nil, der Rio de la Plata, die Donau und der Ganges. Fangen wir beim Ganges an und gehen wir wieder um den Brunnen: Der finstere und strenge Ganges (Nr. 60 links), ein Werk des Lothringer Claudio Adam, ist die ruhigste und am wenigsten bewegte Figur, aber gerade diese Unbeweglichkeit hebt sie etwas von der übrigen lebhaften Komposition ab. Es folgt der geheimnisvolle Nil mit halb verschleiertem Gesicht (Nr. 62), von Giacomo Antonio Fancelli geschaffen. Die Statue bedeckt den Kopf mit einem Schleier, um das Geheimnis der damals unbekannten Quelle des afrikanischen Flusses zu versinnbildlichen, oder, nach einer Volksüberlieferung, um die schweren Fehler Borrominis beim Bau der Kirche Sant' Agnese nicht zu sehen. Aber die Bedeutungen, die das Volk den Gebärden der Statuen gab, waren eine Anspielung auf die brennende Rivalität zwischen Bernini und Borromini. So die Statue von Francesco Baratta, die den Rio de la Plata (Nr. 58 links) darstellt: ein grober Wilder, der vor der Kirche von Borromini Bestürzung zeigt; das Detail der erhobenen Hand, um sich vor dem Sturz der verhaßten Fassade zu schützen, ist gut bekannt (Nr. 57). Auf die Verspottung Berninis antwortete Borromini — nach der Volksüberlieferung — mit der Aufstellung einer Marmorstatue von Sant' Agnese an der Fassade der Kirche; die Heilige, Hand aufs Herz, scheint zu versichern, daß die Fassade nicht stürzen wird. Auch die Schüler von Borromini blieben nicht untätig und verbreiteten das Gerücht, daß der Brunnen mit dem schweren Obelisken auf einem so durchlöcherten Postament nicht lange hätte standhalten können. Bernini schien die Kritik anzunehmen und Vorsorge zu treffen. Am nächsten Morgen amüsierte sich ganz Rom: Bernini hatte den Obelisken mit einer dünnen Schnur an vier Pfeilern gesichert. Es ist unbestreitbar, daß alle diese Anekdoten, die unzählige Fremdenführer seit Jahrhunderten den leichtgläubigen Touristen erzählen, nichts weiter als reine Phantasie sind. Der Brunnen der Flüsse wurde schon 1651 vollendet, d. h. sechs Jahre vor der Fertigstellung der Fassade der Kirche. Jedenfalls soll es nicht wundern, wenn dieser üppige und eigenartige Brunnen solche Märchen entstehen ließ. Wir beenden die Aufzählung der Flüsse mit der Statue der Donau (Nr. 58 rechts): hier hat Bernini eine klassische, feierliche, historische Darstellung vorgezogen. Es ist ein Werk aus Marmor des lombardisch-tessiner Stukkateurs Antonio Raggi, der zu Unrecht oft vernachlässigt, einer der größten Künstler seines Jahrhunderts, die nackten Schöpfungen von Bernini und Borromini zu verwandeln wußte und sie mit Formen, Licht und Farben verschönte. Daß die beiden Künstler ihn akzeptierten, spricht schon für ihn. Man kann diesen Brunnen nicht verlassen, ohne vorher zwei Details betrachtet zu haben: die zwei Wappen von Innozenz X. Pamphili, die im nördlichen und im südlichen Teil des Felsens stehen und von den Statuen des Nils und der Donau an der Wand festgehalten werden (Nr. 63). In einem früheren Entwurf hatte Bernini vorgesehen, daß alle vier Statuen mit je einem erhobenen Arm die zwei großen Wappen hielten. Aber so wäre das Werk statisch zu monoton gewesen. Später mißachtete er Verhältnisse und Symmetrie und übertrug zwei einzigen Statuen die Aufgabe, die schweren Skulpturen zu halten: so konnten die anderen Statuen die lebensechte Haltung annehmen, die dem Werk Bewegung verleiht. Sogar die riesigen Wappen tragen dazu bei, einen Eindruck von Beweglichkeit zu geben, weil sie etwas schräg zu der haltenden Hand angebracht sind. Von den beiden Wappen ist das nach Süden das schönere, wenn nicht das schönste Roms: wegen seiner Pracht und wegen der Harmonie, mit welcher die verschiedenen Elemente verschmelzen: die Delphine, die Muschel und das bizarre Gesicht des Mohren, der die Komposition unten abschließt. In der Mitte des Wappens entdecken wir das schüchterne und sanfte Tier des Brunnens, die Taube von Innozenz X. mit dem üblichen Ölzweig im Schnabel. Eine andere, größere (1,70 m) Taube aus vergoldeter Bronze ragt oben auf dem Obelisken in den Himmel.

Die Riesenbeträge, die Papst Innozenz brauchte, um ein so großartiges Werk zu verwirklichen, zwangen ihn, den Römern hohe Steuern aufzuerlegen, was eine allgemeine Unzufriedenheit verursachte, vor allem, weil das Brot teurer wurde. Das Volk beschwerte sich und protestierte gegen den Papst und hielt solche Ausgaben für unnötig: „Wir wollen weder Kunst noch Brunnen, wir wollen Brot, Brot, Brot." So ein Spruch wurde oft an die Steine angeheftet, die für das Werk bestimmt waren. Trotzdem brauchte Innozenz X. nicht lange zu warten, um seine Wünsche verwirklicht zu sehen. Als der Brunnen am 12. Juni 1651 in Anwesenheit des Papstes vor der erstaunten Menge eingeweiht wurde, war das Loblied einmütig, und der geniale Künstler wurde von allen Seiten mit Anerkennungen überhäuft. Der Platz hatte in der Tat einen Brunnen bekommen, der einzigartig in ganz Italien war. Es handelt sich bestimmt um den schönsten, reichsten und eigenartigsten Brunnen der Welt.

69—70

Das Becken des Brunnens im nördlichen Teil der Piazza Navona ist ein Werk von Giacomo della Porta, dessen Entwurf dem Mohrenbrunnen vollkommen gleich ist. Erweitert durch ein tiefliegendes Becken, das die Linien des kleineren Beckens wiederholt, blieb er bis Ende vorigen Jahrhunderts schmucklos, nur in der Mitte hatte er eine einfache Marmorsäule mit einer Kugel, aus welcher das Wasser hervorschoß. Damals nannte man ihn den Brunnen der „Kesselschmiede", da in der Gegend zahlreiche Handwerker dieser Zunft ansässig waren. Der vernachlässigte Brunnen der Piazza Navona bekam endlich 1873 die Skulpturausschmückungen, als die Gemeinde Rom einen Wettbewerb ausschrieb, um ihn zu vervollständigen. Nach verschiedenen Schwierigkeiten wurden die Entwürfe des römischen Antonio della Bitta angenommen: in der Mitte des Brunnens steht der Gott Neptun, der einen Polyp mit einer Lanze aufspießt (Nr. 70). Der Sizilianer Gregorio Zappalà gestaltete die umliegenden Gruppen von Nereiden, Putten und Seepferden. Das Werk, 1878 vollendet, wurde seitdem der **Neptunbrunnen** genannt; er versucht, den schwierigen Vergleich mit der Mohrenstatue auf der gegenüberliegenden Seite des Platzes auszuhalten.

71

Eine Bemerkung für sich verdient dieses Bild, auf welchem der Neptunbrunnen nur in der Ferne zu sehen ist: wir bekommen hier einen genauen Eindruck über das Ausmaß des Platzes und über sein Verhältnis zum ihn umgebenden Raum. Hier befand sich der „circo agonale", noch deutlich zu erkennen am Grundriß um die Brunnen: in diesem Stadion fanden die Pferderennen statt um die in der Mitte liegende „spina", eine Art Barriere, die die vorgeschriebene Strecke für die Bigen und die Quadrigen (Zwei- und Viergespanne) umriß.
Hier ist das lebendige und traditionsreiche Herz Roms in den Vierteln Parione, Ponte, Sant' Eustachio: darüber wachen die beiden Türme der Kirche Sant' Agnese, Schöpfungen aus Eisen und Stein des Borromini. Im Bild heben sich mit sanften und markigen Linien die Spitze und der Giebel des linken Kirchturms ab: beide Türme von gleicher Form wurden nach Entwürfen Borrominis errichtet, später von Antonio del Grande und G. Maria Baratta verändert. So werden wir nie erfahren, was für ein Wunderwerk uns die Originalpläne gegeben hätten, obwohl die zwei obengenannten Architekten die Veränderungen mit Einfühlungsvermögen durchführten.

Das 18. Jahrhundert und
die Fontana di Trevi:
Getöse des Ozeans
zwischen Häusern
eines alten Platzes.

75

81

Imposant und fast furchterregend kommt uns der Neptunzug im eindrucksvollsten und lautesten Brunnen der Welt, der **Fontana die Trevi,** entgegen. (Der Leser wird schon einen Teil dieser „großen Furcht" teilen, wenn er mit Aufmerksamkeit alle unsere Bemerkungen gelesen hat). Seltsam erscheint diese Verbindung von sonnigem Glanz und spätbarocker Heiterkeit mit der Finsternis der Meerestiefe; so ist es aber: Sie existiert und man kann nur davon Kenntnis nehmen. Viele andere hübsche oder schöne Brunnen des 18. Jahrhunderts stehen in Rom, aber Trevi ist die Königin von allen.

72 – 73 – 74 – 75

Der **Brunnen auf dem Platz Bocca della Verità** wurde um 1717 unter dem langen Pontifikat von Clemens XI. errichtet. Der Erbauer ist ein begabter und geistreicher Römer, Carlo Bizzaccheri, der leider zu wenig bekannt ist. Er entwarf diesen hübschen und lebhaften Brunnen mit dem Becken in der Form eines achtzackigen Sterns, in Anlehnung an das Wappenbild des Papstes Albani. In der Mitte dieses originellen Beckens knien auf den Felsblöcken zwei Tritonen, die sich den Rücken zuwenden und mit erhobenen Armen eine schwere Schale in Muschelform halten; unter den Außenrändern sehen wir zwei große Wappen des Papstes. Ursprünglich standen am Rand des Beckens vier Maskarone, die Wasserstrahlen hätten speien sollen. Im vorigen Jahrhundert wurden sie abgenommen, da die Wasserzufuhr zu knapp war, ein Mangel, der heute noch dieses schöne Denkmal plagt und verhindert, daß man es richtig schätzt. Nichts sieht trauriger und öder aus als ein stummer Brunnen. Die Umgebung, in welche sich der Brunnen einfügt, ist eine der interessantesten und malerischsten Roms: Die Piazza della Bocca della Verità, ehemaliges Forum Boario, wo der Brunnen als Kontrapunkt gegenüber den verschiedensten und herrlichsten Schöpfungen der alten und mittelalterlichen Stadt erscheint; mit der Säulenreihe um den Rundtempel, irrtümlicherweise Vesta (Nr. 75) genannt, und mit dem rechteckigen Tempel der Fortuna Virilis bildet er zarte Bilder von großem Zauber. Über allem erhebt sich der durchbrochene Kirchturm von Santa Maria in Cosmedin (Nr. 72), den viele für den schönsten des Hochmittelalters halten (mit einer Höhe von 45 m oder von 42 m oder sogar von 48 m, wie andere behaupten), mit sieben Reihen von romanischen dreibogigen Fenstern. In der Vorhalle der Kirche wird eine antike Marmormaske aufbewahrt, die als „Bocca della Verità" bekannt ist; sie gibt dem Platz den Namen.

76

Der sogenannte „Fontanone" heißt in Wirklichkeit **„Fontana di Porta Furba":** Er ist der Tribut des eleganten, adligen, Florentiner Papstes Clemens XII. an das in Rom herrschende Barock, um sich hinterher eine lange Reihe von Werken erlauben zu können, in welchen der klare und kalte Klassizismus von Fuga, Galilei und anderen herrscht. Das Thema des „Muschelbrunnens", wo das Wasser einen flüchtigen, aber kostbaren Widerschein zaubert, muß ihm auch gefallen haben, da das Thema in seiner Geburtsstadt geläufig ist. Der Brunnen wurde 1733 an dem Ort errichtet, wo ein Brunnen der Acqua Felice aus der Zeit von Sixtus V. stand. Nicht weit entfernt, kaum sichtbar auf der linken Seite des Bildes, befindet sich der Bogen, der an den Bau des Aquädukts

Felice erinnert. Der Brunnen aus dem 18. Jahrhundert ist ziemlich einfach, aber hübsch: Das Wasser sprudelt aus einem originellen Wasserspeier mit Fledermausflügeln, der von einem Wappen gekrönt wird, und fällt in eine Muschel mit zwei Seitenöffnungen, aus welchen es in das darunterliegende Becken fließt.

Noch vor wenigen Jahrzehnten, als die modernen Sozialwohnbauten noch nicht standen, bot dieser Ort jedem Fremden, der vom Lande nach Rom kam, einen bezaubernden Blick auf die Landschaft.

77 – 78 – 79 – 80
81 – 82

Das Konzert entfaltet sich mit klarem, rhythmischem Tempo, mit einem ruhigen Crescendo, das an Heftigkeit und Rhythmus zunimmt, und dem Musikkenner zu verstehen gibt, daß „etwas Außergewöhnliches und Großartiges geschehen soll". Wir hören gerade das Stück, besser gesagt die Folge von vier prächtigen Stücken, die den römischen Brunnen gewidmet sind und die großartig die beschreibende Kraft der Musik unterstreichen. Das schallende Erklingen der Tritonsmuschel (Nr. 43) zu den sanften, melancholischen Tönen eines etwas doppeldeutigen Brunnens – Valle Giulia – ist die Einleitung, das Zeichen, das alle Zuhörer aufhorchen läßt. Man spürt, daß etwas besonders Schönes oder etwas Entsetzliches geschehen soll. Ein Augenblick voll Spannung; ein großer goldener Vorhang geht vor uns auf; es scheint, daß wir uns mit der Kamera etwas Grenzenlosem nähern, das uns seinerseits entgegenkommt . . .

Es empfängt uns der Zauberkomponist Respighi, vom Geist des Barocks inspiriert, begleitet vom Architekten Nicola Salvi, von den Bildhauern Pietro Bracci und Filippo Valle und von einer ganzen Reihe von Mitarbeitern. Die riesige Maschinerie ist in Bewegung, die sowohl die Herrlichkeit der Ewigen Stadt als auch den Sonnenglanz der römischen Mittagshitze symbolisiert.

Hören wir in uns den aus den Meerestiefen steigenden Klang, der bedrängend wächst: In unserer Erinnerung erscheint das furchterregende Herannahen eines kriechenden Gefolges aus der dunklen Ewigkeit des tiefen Meeres, wo wir mit Mühe sich drängende Tiefseegeschöpfe erkennen können. Das Gefolge nähert sich, während man schon im klaren Wasser die Tritonen und die Nereiden, jene Halbgötter und jene Nymphen, wahrnimmt, die sich mit einer Unzahl bekannterer Geschöpfe vermischen und die man immer deutlicher erkennt, je klarer das Wasser wird . . . Sie werden schon gemerkt haben, wie das unvergleichbare Crescendo von Respighi seine Überlegenheit gegenüber der sonnigen Wirklichkeit von Salvi und von anderen zeigt . . .

Wir können hier sagen, daß es möglich ist, beim Hören der Musik den riesengroßen Brunnen zu beschreiben, ohne ihn zu betrachten, da Brunnen und Musik „ein Ganzes" geworden sind.

Traditionsgemäß wird die **Fontana di Trevi** Bernini zugeschrieben, der (vielleicht), vom Thema angeregt, ein paar Entwürfe machte, was diesem Werk zur Ehre gereicht. Er vermittelt einen Eindruck von Riesenhaftem und von Gewaltigkeit, viel mehr als andere viel größere Bauten. Das Bild ist mit fast filmerischem Können belebt, die Bewegung ist echt und lebendig – was nur im Hochbarock vorkommt. Es erscheint hier jedem ganz deutlich die Bedeutung des Unterschieds zwischen

Barock des 18. Jahrhunderts, das für große Bauten verwandt wurde, und Rokoko, das mehr für Kapellen, Salons, Betstühle, kleine Springbrunnen usw. geeignet war. Die Verschmelzung von Architektur (die vollkommene Verwandlung einer Palastfassade in eine Landschaft) mit Skulptur (die prunkvolle Kutsche mit den majestätischen und lebhaften Pferden), das „Ruhige" und das „Entfesselte", wie es einige bezeichnen, erscheint so einheitlich, daß man einen einzigen Schöpfer vermutet. Angeblich konnten sich Specchi und Bracci nicht besonders vertragen. Ein zeitgenössischer Chronist berichtet: „Gestern gab es eine Diskussion zwischen dem Architekten A. S. und P. B., dem Schöpfer der Statuen..." Was nichts Außergewöhnliches ist. Man vermutet einen ruhigen Meinungsaustausch zwischen zwei erhabenen Meistern; aber der Text geht so weiter: „...deren Modelle am Ende ganz beschädigt waren." In dieser barocken Stimmung neigt man zu weiteren Anekdoten: Amüsiert und überrascht betrachten wir den großen Bischofshut. Es scheint, daß ein hoher Würdenträger ihn beim Weglaufen auf den Fels geworfen hat. Die Geschichte der großen Travertinvase, die auf der Balustrade so steht, daß sie denen, die in dem nahegelegenen Geschäft sind, die Sicht auf den Brunnen nimmt, hat folgende Erklärung: Salvi ließ sich in dem Barbierladen rasieren und war gezwungen, die kräftigen Kritiken des Barbiers zu hören, der immer etwas am Brunnen auszusetzen hatte. Er bestrafte ihn damit, daß er ihm den Blick auf den Brunnen nahm. In den verschiedenen Schluchten wachsen Pflanzen und Blumen aus Marmor. Das „historische Ereignis" der Jungfrau, die das Wasser den Römern zeigte und ihnen erlaubte, den Durst zu stillen und die Schlacht zu gewinnen, und die dem Wasser ihren Namen gab, erscheint denjenigen, die den großen Reichtum an Wasser und an Quellen des Latiums kennen, ziemlich wunderlich. Wir wollen mit einigen informativen Angaben schließen: Der Römer Nicola Salvi (1697 bis 1751) ist der einzige Schöpfer des Werkes, das er nach zwanzig Jahren Arbeit nur teilweise unvollendet ließ. Unter den Bildhauern sind zu erwähnen der schon genannte Römer Pietro Bracci, der von Anfang an mit Salvi zusammenarbeitete und die große Kutsche und den Neptun mit den Pferden schuf, und der tüchtige Filippo Valle, der sich mit dekorativen Motiven und mit den Reliefs befaßte.

Der Brunnen steht an der Schmalseite des Palazzo Poli; „wie schön wäre es, wenn er auf einem großen Platz stehen würde" ist eine Bemerkung, die von Unverständnis zeugt, da die Pracht des Brunnens viel mehr in dem engen Raum auffällt. Bekannt ist der Brauch, eine Münze in das Becken zu werfen, um sich der Wiederkehr zu versichern; weniger bekannt ist die Tatsache, daß die Münze, kaum hat sie das Wasser berührt, nicht mehr aufgefischt werden kann: Sie ist Eigentum der Stadt geworden.

83

Der **Brunnen von Porto di Ripetta** befand sich ursprünglich auf der Terrasse des malerisch am Fluß in Stufen angelegten Hafens: Die wichtigste Anlegestelle für die Boote aus dem Oberlatium, die Holz und Wein brachten (der andere Hafen — Ripa Grande genannt — war am anderen Ende der Stadt und diente denen, die vom Meer kamen).
Der Brunnen wurde 1704 von dem Römer Alessandro Specchi unter Clemens XI. erbaut, dessen Wappen gut sichtbar ist; der Hafen von Ri-

petta wurde in den letzten Jahrzehnten des vorigen Jahrhunderts mit Erde aufgefüllt, um die Tiber-Promenade und die Brücke Cavour anzulegen. Der kleine Brunnen ging glücklicherweise nicht kaputt; nach einer langen Lagerung in den städtischen Hallen wurde er unweit seines ursprünglichen Standortes wieder aufgestellt: An den Seiten stehen auch die zwei Säulen mit den Marken der wichtigsten Hochwasserstände des Tibers. Oben auf dem Brunnen steht noch die schmiedeeiserne Laterne, die Mitte des 18. Jahrhunderts angebracht wurde, um den Booten die Landung während der Nacht zu erleichtern.

84 – 85

Der venezianische Botschafter, der den begehrten Posten in Rom innehatte, ließ eine der berühmtesten venezianischen Traditionen in Gestalt eines Brunnens wieder aufleben. Der Brunnen mit bewegten, angemessenen Linien belebt den gartenähnlichen Hof, der in den mächtigen Renaissancebau des Palazzo Venezia eingefügt ist, und stellt die schöne Szene der Vermählung Venedigs mit dem Meer dar: Jedes Jahr feierte die Stadt diese enge Verbundenheit mit dem Meer auf eine konkrete und fast sinnliche Art, indem ein Ring ins Meer geworfen wurde. Mit dem Bucentaur ging der Doge hinaus aufs Meer, den Ring trug er am Finger und schaute mit Herrscherblick auf das Wasser der regungslosen Lagune, die Ursprung und Leben der jahrhundertelang größten Seemacht war. Wie eine riesige, goldene Gondel drang der Bucentaur bis zur Mitte des großen Bassins vor. Der Höhepunkt: Der Ring wird dem Dogen abgenommen und in das Wasser geworfen, in jenes Wasser, teils süß, teils salzig, teils See-, teils Brackwasser, teils blau, teils hellblau. Für ein weiteres Jahr wird die Republik Venedig jedem möglichen Feind Angst einflößen.

Der **Brunnen im Hof des Palazzo Venezia** hat einen knappen und kompakten Stil: Drei kräftige Tritonen sind an ein Felsmassiv angelehnt und tragen mit sichtlicher Anstrengung eine große Muschel: Darauf steht die lächelnde Statue Venedigs mit dem Dogenmantel, im Begriff, den Ring ins Meer zu werfen. Zu ihren Füßen sehen wir links den geflügelten Löwen von San Marco mit dem offenen Buch, rechts eine liebliche Putte mit einer geöffneten Rolle. Im niedrigen, eiförmigen Becken schnellen zahlreiche Delphine (d. h. die Meerestiere, die sich Maler und Bildhauer ausgedacht hatten, aus Unkenntnis über das echte Aussehen eines Delphins); auf einem davon reitet eine muschelblasende Putte.

Der Brunnen (1730) ist ein Werk von Carlo Monaldi, der den Auftrag vom venezianischen Botschafter bekam; er wird von den Acqua Vergine gespeist. So vermählte sich Venedig nicht nur mit dem Meer, sondern auch mit den römischen Aquädukten.

86 – 87

Öfters haben wir uns gefragt, was die großen Architekten und Stadtplaner der napoleonischen Zeit daran gehindert hat, den Plan zu verwirklichen und die **Piazza del Popolo** in ein einzigartiges Juwel zu verwandeln. Es wäre vielleicht auch kein Juwel geworden, da Valadier jr. kein Genie wie Michelangelo oder Bramante war. Aber es wäre schon einen Versuch wert gewesen! Betrachten wir das Bild Nr. 86, in welchem die Marmorlöwen an die großen Statuen des seitlichen Halbkreises herangerückt werden. Der Platz, einer der größten Europas, bildet eine Ellipse, wo das Wasser aus jedem Spalt, jeder Höhle, jedem Durchgang quillt: In der Mitte, auf sehr unwirkliche Weise, werfen die Löwen breite Wasserstrahlen aus ihren Rachen; in den beiden östlichen und westlichen Halbkreisen fließt das Wasser in Strömen: Im Westen etwas gebändigt, im Osten fortreißend, wo es einen imposanten Wasserfall bildet. Beim Umschauen wird man weitere, etwas kleinere Springbrunnen entdecken, die dem Ganzen Leben verleihen. Ein Leben, das bis vor wenigen Jahren dieser Hang von Pincio nicht kannte, traurig und still durch den verstummten Brunnen. Kaum war der Brunnen wieder in Betrieb, bewundern auf einmal Tausende von Betrachtern das Werk, vor allem beim Sonnenuntergang, wenn das Wasser in vollem Licht glänzt. Jetzt, wo der wunderbare, „märchenhafte" See von der Piazza Navona (Nr. 57) ruht, warum könnte man nicht die Piazza del Popolo in einen herrlichen See mit zweckmäßigen Fußgängerübergängen verwandeln? Eine Möglichkeit übrigens, die den Verkehr abhalten könnte ...

Die jetzige Anordnung der verschiedenen Brunnen auf dem Platz wird Giuseppe Valadier zugeschrieben, der in der ersten Hälfte des vorigen Jahrhunderts eine gründliche Umgestaltung dieses großen Raums am Hang von Pincio vornahm. In der Mitte der großen Ellipse um den Obelisken wurden vier kreisförmige Brunnen aufgestellt, wo ebensoviele Löwen auf Stufenpyramiden das Wasser in die darunterliegenden Bassins speien.

Der alte Brunnen von Giacomo della Porta (Nr. 2), der seit 1572 auf dem Platz neben dem Obelisken stand, wurde entfernt, für kurze Zeit vor der Kirche San Pietro in Montorio aufgestellt, und nach langem Verweilen in den städtischen Lagerhallen 1950 auf der kleinen Piazza Nicosia wieder aufgebaut. An den Wänden der zwei weiten Halbkreise wurden zwei große Brunnen aufgestellt: Ihre Form ist einfach, sie besteht aus einem breiten halbkreisförmigen Becken, wohin das Wasser aus einer darüberliegenden Muschel fällt. Beide Brunnen werden von Ziergruppen gekrönt, die Valadier entworfen hatte und die Giovanni Ceccarini mit kalten akademischen Formen ausführte. Die Statue in der Mitte des Brunnens zum Pincio zu, stellt die Göttin Rom dar, an beiden Seiten hat sie die Darstellungen des Tibers und des Arnos; zwischen ihnen eine Wölfin, die die Zwillinge stillt (Nr. 86). Auf der anderen Seite ist die Neptungruppe mit zwei Tritonen, die Delphine festhalten. Im Hintergrund sieht man oben die Pincio-Terrasse über den drei großen Arkaden, über die tosend der Wasserfall stürzt.

Unzählige Brunnen
bringen das Rauschen des
Wassers
in die schattigen Gäßchen,
in die ruhigen Kreuzgänge,
in das stille Gewirr
der alten Höfe.

Ehe man die Häuser abbrach, um die überheblichen Pläne für die neue Hauptstadt zu verwirklichen, die sie in den Kreis der anderen europäischen Hauptstädte einreihen sollten und die nur ihre Grünflächen zerstörten, weiter hin bis zu den Entwürfen des zwanzigjährigen faschistischen Regimes, die ein längst vergangenes und verschwundenes Caput Mundi wieder schaffen sollten, glich die Altstadt Roms einem Märchenpalast. Geheimnisvolle Durchgänge, die gesetzlich erlaubt oder aus Gewohnheit geduldet waren, gestatteten, auf verborgenen Wegen auch durch Privatbesitz zu wandern und offenbarten Teilansichten und überraschende Einblicke, wie kein anderer Ort der Welt.

Auch in diesem heimlichen Rom war die Verschmelzung von Stein und Wasser besonders auffallend. Das sprudelnde Wasser in den Höfen, in den alten Kreuzgängen, in jeder Ecke und jedem Winkel der Altstadt ließ an einen Wasserreichtum, an ein Naturphänomen denken und nicht an ein sorgfältig angelegtes System von Aquädukten. Mit schmerzlicher Erinnerung denken wir an das, was man noch 1940 bis 1945 bewundern konnte, ehe die neuen Erbauer bedeutende Teile niederrissen. Wir sind dem Verfasser dieses Buches dankbar, Fragmente jenes in Vergessenheit geratenen Roms ans Licht gebracht zu haben.

88

Der berühmte „**Babuino**" hatte der bekannten Straße der Antiquitätenhändler den Namen gegeben: Lange Zeit blieb er verschwunden, so daß die meisten ihn für verloren hielten. Aber einige Jahre nach dem Krieg hatte man eine angenehme Überraschung: Der Babuino, historischer und sympathischer Tölpel, war wiedergefunden worden! Etwas abgenutzt, so wie viele andere Gegenstände, die durch den Krieg gelitten hatten. Nach der Restaurierung wurde er an dem jetzigen Ort aufgestellt, nicht sehr weit vom ursprünglichen, in der Nähe der schönen Kirche Sant' Atanasio.

Er ist auch als „Sprechende Statue" in dem berühmten „Kongreß der Scharfsinnigen" (Nr. 20) bekannt, bei welchem der Tölpel jeweils die Rolle des groben Bauern oder des witzigen Einfaltspinsels spielt. Verschiedene Anekdoten sind über diese Figur bekannt, z. B. jene des kurzsichtigen, uralten Kardinals, der glaubte, die Statue stelle den heiligen Silvester, Papst und Eremit, dar: So zog er den Hut vor ihr und verbeugte sich mit großer Ehrerbietung unter dem höhnischen Gelächter des gemeinen Volkes.

89

Im Hof des **Palastes Lepri-Gallo** in der Via della Croce wird die tiefe Stille nur vom sanften Rauschen des Wassers unterbrochen, das in einen alten Sarkophag fließt.

90

Der **Brunnen der Botticella** ist ansprechend, auch wenn er naiv und grob ist. Erbaut 1774 (das Jahr ist nicht sicher), wurde er später an einem Tragpfeiler der zwei Bögen, die die Kirche San Rocco von der Kirche San Gerolamo degli Schiavoni trennen, angebracht. Dargestellt ist das große lustige Gesicht eines Böttchers, der den Wein zu dem nahegelegenen Hafen von Ripetta brachte oder ihn aus den Lastkähnen entlud (die aus der Gegend zwischen Baschi und Orte kamen und Weißweine, Öl, Haselnüsse und Obst brachten). Das Wasser stellt hier den ewigen Gegensatz zum Wein dar, während das darunterliegende Faß ein traditionelles Hohlmaß ist.

91

Im Hof des **Palastes Antamoro** in der Via della Panetteria wird dieser hübsche Brunnen Bernini zugeschrieben (was wir bezweifeln).

92

Von den zahlreichen wasserangetriebenen Uhren — in welchen das Wasser als Antriebskraft die komplizierte Maschinerie in Bewegung setzt —, die in Rom bis zum 20. Jahrhundert vorhanden waren, sind nur zwei übriggeblieben: die des Pincio, kürzlich restauriert, und jene in einem Hof der **Via del Gesù.** Nach jüngsten Forschungen ist es gelungen, für die Maschinerie das Baujahr 1882 festzusetzen. Die barokkisierende Anlage, die das Ganze umrahmt, ist möglicherweise zweihundert Jahre älter.

93

Die alten Fragmente und die Stücke des späten 16. Jahrhunderts bilden eine Einheit, die diesen Hof sehr lebendig wirken lassen. Es handelt sich um den Hof von einem der fünf **Paläste Caetani,** die den typischsten und eigentümlichsten Häuserblock Roms bilden (zwischen der Via delle Botteghe Oscure, wo dieser Brunnen steht, und dem Schildkrötenbrunnen).

94

Der **Brunnen des Facchino** (Gepäckträgers) ist einer der ältesten der Stadt (1514 bzw. 1520?) und stellt einen Vertreter dieser Zunft dar; die Bekleidung, der Schmiß im Gesicht, das der Schnauze eines Mops ähnelt, lassen ihn seit Jahrhunderten für das Spottbild Martin Luthers gelten. Wir befinden uns vor einem Mitglied des schon genannten „Kongreß der Scharfsinnigen" (Nr. 20).

95

Der harmonische Brunnen im Hofe des **Palastes Colonna,** auf der Piazza Aracoeli, trägt alle bedeutsamen Elemente des Barocks. Die herrlichen Proportionen der Säulen und der majestätische Abschluß lassen das Werk mit Sicherheit Carlo Fontana (1634 bis 1714) zuschreiben.

96

Der Brunnen in einem Hof in der **Via della Scrofa** Nr. 70 erscheint echt barock wegen des Aufbaus seiner Figuren, des Beckens und des Pflanzenwuchses, die stark an den Stil des Tritonen von Bernini erinnern.

97

Mit dem **Palazzo Massimo alle Colonne** klingt die Renaissance aus; ausgerechnet dort, in einem versteckten Hof, wächst der erste Keim des Barocks, der nach einem Jahrhundert das echte, glorreiche Symbol einer neuen Epoche wird.

Der Palast ist das Meisterwerk von Baldassarre Peruzzi aus Siena (1481 bis 1536), ein Schöpfergeist, unbewußter Vorläufer des Barocks, was sich in der leichten Wölbung der Fassade zeigt. Es ist das Jahr 1532: Einige Andeutungen einer Belebung in der Kunst zeigen sich nach den zwei grausamen Ereignissen (die „Plünderung" Roms, 1527 und die Belagerung von Florenz, 1530), die die Renaissance unterbrachen. Das kleine Gewirr von Höfen und Nebengebäuden beherbergt einen Monumentalbrunnen, eine Vorankündigung des Barocks, und andere Werke gleicher Art. Die typischen Elemente des Barocks und Rokokos sind beim Brunnen aus dem Jahre 1620 gut ersichtlich, noch mehr in den Werken, die in der Nische rechts stehen. In einem Dekor, das an die „Kunst der Brunnen" erinnert, hebt sich die Statue einer kühlen und zurückhaltenden Venus ab (links im Bild).

98

Der kleine Brunnen mit dem Wasserspeier steht in einem Hofe der fünf Paläste, die einen Häuserblock bilden; hier handelt es sich um den Palast der Familie **Mattei di Giove**. Das Gebäude wird Carlo Maderno z. T. zugeschrieben und ist berühmt wegen seiner Höfe, die ein Meisterwerk der „unechten archäologischen Funde in der Architektur" sind.

99 – 100

Den schönsten „Geheimgarten" Roms, **im Palazzo del Grillo,** erreicht man, nachdem man kleine Plätze, Torbögen, schlanke Türme, stolze Freitreppen hinter sich gelassen hat.

Hier sehen wir nur einen Querschnitt dieser irrealen Geschöpfe, von denen weder Geschlecht noch Art erkennbar sind, auch weiß man nicht, ob sie dem Tier-, dem Mineral- oder dem Pflanzenreich angehören. Die Fröhlichkeit vereint sich mit dem Glanz; der düstere Zauber tiefer Becken, die Venushaar bedeckt, steht im Gegensatz zu den fröhlichen und bizarren Wasserstrahlen. Hier scheint wirklich, daß „das Ziel des Künstlers ist, Verwunderung hervorzurufen", wie der Cavalier Marino beim Festlegen der Regeln für das Barock und das Rokoko erklärt.

101

Dieses Marmorwerk wurde bestimmt von unerfahrenen Händen behauen: Es hat die große Ehre, mit seinem Quellwasser die Kathedrale Roms, **San Giovanni in Laterano,** zu versorgen. Die Brunnenumrandung geht auf das 9. Jahrhundert zurück und kann für die älteste dieser Art gehalten werden. Von der Nähe betrachtet erscheinen die Ornamente so zart wie Weidengeflecht.

102

In einem Hof des Klosters der Minoriten bei den **Santi Apostoli** steht dieser Brunnen mit einem hübschen Becken in gemischtliniger Form aus der Zeit von Sixtus V. und von Domenico Fontana geschaffen.

103

Brunnen mit Löwenkopf in einem Hof in der Via della Croce.

104

In einer stillen und abgeschiedenen Gegend Roms kann man noch nachts das sanfte Rauschen des Brünnleins wahrnehmen: Das Wasser läuft in einen kostbaren Sarkophag aus römischer Zeit; er befindet sich in einem bezaubernden Gäßchen, **Vicolo di Santo Stefano del Cacco,** das sich durch die alten, hohen Mauern des Palazzo Altieri windet.

105

Einer der zwei gleichen Brunnen in der **Via della Conciliazione.**

106

Dieser süße und seltsame Brunnen, der in Einklang mit dem wunderbaren Kreuzgang dei **Santi Quattro Coronati** steht, bringt uns wie durch einen Zauber zurück in die vergangenen Jahre des Mittelalters. Seine genaue Bezeichnung ist labrum (= Kantharos), d. h. Brunnen für die Waschung der Katechumenen. Er geht auf die Jahre „der kleinen Renaissance" (nach der Vernichtung der Normannen) von Paschalis II. (1099 bis 1118) zurück und ist um den Rand mit seltsamen Löwenköpfen geschmückt.

107

Ein außergewöhnlicher, riesiger Wasserspeier beherrscht den stillen und ruhigen **Platz San Pietro d'Illiria.** Daneben ist Santa Sabina, dem Anschein nach die schönste mittelalterliche Kirche Roms; in der Tat ist sie das Ergebnis einer Reihe von Restaurierungen, Instandsetzungen, Abkratzen ... alles mit Sorgfalt und peinlicher Genauigkeit durchgeführt ... Was fehlt, ist die Echtheit. Es ist ein Werk von Giacomo della Porta, das auch durch die Stadt „wanderte": einst im Forum Romanum stand, dann am Tiber gegenüber der Apsis von San Giovanni dei Fiorentini. 1936 wurde es an den jetzigen Platz gebracht.

Geheimnisvolle Zauber
verbergen sich in den
Tempeln der Nymphen,in
den Grotten, in den
feuchtesten und
verstecktesten Ecken der
römischen Gärten.

110

117

126

Diese Fülle von Quellen, die unaufhaltsam und stetig in jeder noch so versteckten Ecke Roms fließen, erinnert an die berühmte Reihe von Quellen, die sich über Hunderte von Kilometern in der Poebene erstrecken, allein mehr als 11 000 Quellen am linken Ufer des Po! Zwei verschiedene, aber z. T. auch sich gleichende Phänomene könnte man sagen — in Norditalien von natürlichem, in Rom z. T. von künstlichem Ursprung, weil das Wasser aus einem der reichsten Einzugsgebiete kam, so daß Rom oft die Stadt mit dem größten „Wasservermögen" genannt wurde. Zuerst standen die riesigen römischen Aquädukte; es folgten viele finstere Jahrhunderte, in welchen die vorhandenen Brunnen nicht genügten; aber damals bevorzugten alle, von den Kardinälen bis zu den Ärmsten, das Wasser des Tibers, das, sorgfältig gereinigt, sogar als Heilmittel galt; deswegen ließ der Papst es immer in besonderen Fässern mit auf die Reise nehmen. Und ausgerechnet die Päpste waren diejenigen, die am Anfang der Renaissance, ab dem 15. Jahrhundert, das Bedürfnis empfanden, zum Glanz der Vergangenheit zurückzukehren und imposante Brunnen bauten. Wir wollen aber die Aufmerksamkeit auf die Fülle von Quellen, Brunnen, Abzweigungen von den Aquädukten lenken, die nicht „draußen" zur Freude aller Menschen, sondern „drinnen", in Höfen und Gärten zum Vergnügen von wenigen standen. Diese prächtigen „Wasserspiele" mit den damit verbundenen Irrgärten waren, nach einer Abhandlung von M. Spagnol und G. Santi, die Grundlage von einem subtilen und leicht verderbten erotischen Spiel. So gehörten die Monumentalbrunnen, die Wassertheater, die Brunnen nach einem Thema, oft mit einem musikalischen Effekt (wie die berühmte hydraulische Orgel von Tivoli oder diejenige des „Aldobrandini-Brunnens", Nr. 127), zu einer Wunderwelt, die unabhängig von der Entwicklung der verschiedenen Stilrichtungen war. Pier Maria Capponi, ein heller aber verkannter Geist des Jahrhunderts, erkannte den Zeitpunkt und die Merkmale dieses Phänomens und nannte es paradoxerweise „Kunst der Brunnen", auch wo das Wasser ganz fehlt. Die sanften, verspielten, auserlesenen Formen kommen in dekorativen Elementen, in Prunksälen, in Denkmälern, sogar in Altären vor und folgen den typischen Formen der zeitgenössischen Brunnen. Die „Kunst der Brunnen" ist die unbefangene und heidnische Reaktion auf die strenge und finstere Welt der Gegenreformation; sie beginnt mit den wunderbaren Fragmenten eines Gartens, den Jacopo del Duca (der beste und der einzige Schüler Michelangelos) im Jahre 1565 auf dem Esquilin schuf, und klingt um das Jahr 1630 ab. Die Daten sind nicht so genau festzusetzen; die „Kunst der Brunnen" verschmilzt mit dem aufgehenden Barock — das als mystisches Phänomen entstanden war — und kommt hier und da noch vor, übernimmt dessen Schemen und vereinigt sich mit dem neuen, verspielten und verschnörkelten Stil, dem Rokoko.

Die Heimat der „Kunst der Brunnen" ist zweifelsohne das Latium, während sie in Norditalien kaum anzutreffen ist; in und um Rom sehen wir diese außergewöhnlichen Werke, in Bagnaia, Tivoli, Frascati, Bomarzo (wo der Park mit den Ungeheuern eigentlich keinen Brunnen besitzt, und trotzdem diese Bezeichnung verdient), Caprarola, Bassano Romano, Soriano del Cimino, Gallese, Poli und unzählige andere Orte. Einige Beispiele der „Kunst der Brunnen" sind auch in der Toskana anzutreffen: z. B. Boboli, einige Villen in der Umgebung von Florenz, Collodi mit der herrlichen Villa Garzoni, mit den Wasserspielen, den Labyrinthen und den Bädern, Centinale bei Siena: alle Ausdruck eines späten und unbekannten Abschnitts der italienischen Kunst.

108 — 109 — 110

Ein echtes Wunder ist der tiefe Raum der **Villa Giulia,** angefangen 1553 und erst 1572 vollendet (das Datum ist auf einer Säule des oberen Säulengangs eingraviert). Dieser unvergleichliche Ort ist sehr bekannt, da hier jedes Jahr der Strega-Literaturpreis verliehen wird. Das Werk wurde immer Ammannati zugeschrieben, aber Vignola ist auch daran beteiligt. Das Bild 109 zeigt die leichte schlanke Form der Serliana-Loggia, das Bild 110 läßt uns in die Geheimnisse der Grotten eindringen, deren Eingänge von schönen, strengen, zauberhaften Hermen bewacht werden.

111 — 112 — 113

Die Tritonen und die Ziergruppen des Mohrenbrunnens auf der Piazza Navona wurden wahrscheinlich von Giacomo della Porta entworfen; im vorigen Jahrhundert wurden sie durch moderne Kopien ersetzt und in den „Giardino del Lago" der **Villa Borghese** gebracht. Die Maskarone sind um einen Granitbrunnen angebracht worden, während die Tritonen weniger Glück hatten: sie wurden im Garten verstreut und sind jetzt in einem erbärmlichen Zustand, z. T. beschädigt, verunstaltet, geköpft.

114

Eine eindrucksvolle Ansicht — die nur von wenigen Orten in Rom bei Sonnenuntergang übertroffen wird — ist diese Aufnahme mit dem klassizistischen Äskulap-Tempel, der unter der Leitung von Valadier im **„Giardino del Lago"** der Villa Borghese errichtet wurde.

115

Der **Brunnen der Seepferde** bei der Villa Borghese ist das Werk des Südtirolers C. Unterberger und wurde 1791 vollendet.

116

Der **Brunnen des Moses,** der aus dem Wasser gerettet wird, befindet sich auf der Esplanade des Pincio; er ist ein Werk des Bildhauers Brazzà.

117

Der sonderliche Brunnen scheint von einem alten Altar eingerahmt; das Ganze besteht aus mehreren Elementen, die z. T. römischer, z. T. mittelalterlicher Herkunft sind oder aus der Renaissance stammen: er befindet sich im Garten des **Palazzo Caffarelli** auf dem Kapitol.

118

Die nette „Gruppe mit der Schnecke" (besser gesagt Meeresschnecke, da das dargestellte Tier ein verbreitetes Weichtier der Adria ist) wurde von Bernini angefertigt, um sie in die Mitte des Mohrenbrunnens zu stellen. Die Gruppe wurde entfernt, um der Mohrenstatue Platz zu machen und auf einen Brunnen der **Villa Doria Pamphili** auf dem Janikulus gesetzt, wo sie jetzt noch steht.

119 – 120 – 121

Das wunderbare „**Bad der Venus**" im Palazzo Borghese ist möglicherweise der Garten mit Brunnen, der die größte und phantasievollste Verzierung aufweist, und mit dem des Palazzo del Grillo (Nr. 99) wetteifert; auch hier war ein Künstler aus dem Norden namens Schor am Werk: er schuf die Skulpturen, während dem lebhaften und überschwenglichen Carlo Rainaldi die architektonische und Blumenverzierung zuzuschreiben ist. Die drei Brunnen an der vieleckigen Mauer, die den Garten abgrenzt, wurden am Ende des 17. Jahrhunderts errichtet.

122

Das kleine **Nymphäum des Palazzo Sacchetti** steht am Ende des Gartens, zwischen der Via Giulia und der Tiberpromenade: intakt und vielfarbig war es das Meisterwerk der „Kunst der Brunnen" in den römischen Palästen. Im Bild sehen wir eine Seitennische mit den Figuren nach Art des Manierismus, mit langen Beinen und den surrealistischen, pupillenlosen Augen.

123

Ein riesiger Elefantenkopf kommt aus einer Mauer hervor: der große Rüssel bildet einen Bogen. Der Brunnen steht im Garten der **Villa Madama** und wurde ca. 1520 errichtet, um an den jungen Elefanten zu erinnern, den der König Portugals 1514 Papst Leo X. schenkte.

124

Der **Brunnen der Galeere** erhebt sich in einem abgelegenen Teil der Vatikanischen Gärten, am Fuß des Turms von Belvedere von Bramante. Man kann ihn gut von einem Fenster nahe der mächtigen Treppe von Bramante sehen. Das Bronzeschiff ist eine genaue Nachbildung einer flämischen oder spanischen Galeere von Anfang des 17. Jahrhunderts und wurde 1620 auf einen Brunnen aus der Zeit von Paul V. gesetzt.

125

Der hübsche Brunnen mit den zwei Putten auf Delphinen steht in den Vatikanischen Gärten in dem Komplex des **Casino von Pius IV.** Er ist eines der hervorragendsten Werke von Pirro Ligorio, dem lombardischen Tessiner, der Tivoli ausschmückte, und gleichzeitig ein bedeutendes Beispiel der „Kunst der Brunnen".

126

Auch der **Brunnen der Kybele** gehört dem Ensemble des Casino von Pius IV. (Nr. 125) an; er ist mit antiken Statuen und mit zarten freskenartigen Verzierungen geschmückt.

Die musikalischen Brunnen waren keine Seltenheit in der Zeit der „Kunst der Brunnen". In Tivoli gibt es eine ganze Sammlung, die in der Villa d'Este steht; viele andere Brunnen in verschiedenen Ländern ahmen den Vogelgesang, Musikinstrumente, Menschenstimmen usw. nach.

Die größte Wirkung erzielten die verschiedenen Orgelbrunnen, jetzt sind alle verstummt. In den Gärten des Palazzo del Quirinale befindet sich der **Orgelbrunnen,** auch „**Aldobrandini-Brunnen**" genannt, nach dem Namen des Papstes, der ihn erbauen ließ. Es ist ein echtes Kunstwerk, mit bemalten Stuckarbeiten über die ganze Fläche und mit den Musikeffekten: die einen sind jetzt vernachlässigt, die anderen sind verstummt. Dieser Monumentalbrunnen ist ein Werk von G. Fontana, Pompeo Maderno und Gian Giacomo Neri, „Tivoli" genannt. Die Daten sind umstritten: wurde er 1596 vollendet oder 1592 angefangen und 1605 vollendet? Die Reliefs zeigen Szenen und Ereignisse, die mit dem Wasser zu tun haben, wie die Wiederauffindung Moses usw. Durch eine Öffnung sieht man dreizehn Orgelpfeifen, und man kann z. T. das außergewöhnliche Geschick der Erbauer bewundern. Baglioni beschreibt: „Die Wasserkraft läßt verschiedene Register der Orgel spielen." Zwei Cupidos blasen Trompeten, die verschmitzt klingen, wenn die Orgel verstummt. Die Orgel wurde unter Clemens XI. (1730 – 1740) und unter Gregor XVI. (1831 – 1846) restauriert: Letzterer ließ durch erfahrene Wasserbauingenieure zwei mitreißende Stücke von Verdi aus „Ernani" und „Macbeth" einfügen. Ein Papst, der wirklich unsere ganze Zustimmung verdient!

Entwurf, Graphik und Umbruch von
Giancarlo Gasponi und Rouhyeh Avaregan.

Photolithographie: Zincografia Verona
Druck bei Printers s.r.l. - Trento